U0165427

A Historical Journey

SWEETS DICTIONARY

洋菓圖典

130 道手繪甜點故事

積木文化

前言

東京六本木甜點店「ALMOND」的圈圈泡芙，總是在我遺忘它的時候翩然來訪我家。我們對於父親三更半夜帶這種禮物回來固然不解，但能夠全家一起大啖雙倍奶油的泡芙，仍然是無上的幸福。有人帶著滿嘴的糖粉狡辯說「泡芙得趁新鮮吃才行！」點心就是有這種魔力，能瞬間抹滅些微的罪惡感。先不提個人喜好如何，但我想沒有什麼食物比點心更能讓人留下比現實更愉快的回憶，而且值得感激的是，點心還能適度緩解負面情緒。聽說我們出生後受到吸引的第一個味道就是「母乳」中的「甜味」，我覺得這話講得很有道理，甜味是最適合搭配人生關卡與喜怒哀樂的特別滋味。

我剛開始從事與食物相關的工作時，總是很興奮地去挖掘新口味與各種消息，不過隨著年歲增長，我所感興趣的目標也逐漸轉移

方向，現在的我樂於從既存事物中找出一、兩個魅力，並且重新咀嚼。不同於追逐最新甜點情報與創新食譜，希望能與各位分享這種放慢步調的樂趣。

本書梳理超過一百三十種點心的起源與變遷，以辭典的形式依序介紹。我本來希望盡量以誕生時序編排，只可惜點心沒有出生證明可供查閱。不過我還是找到了某幾款點心的起源記載，其他有些是口耳相傳而來，有些則因某些機緣猛然聲名大噪，還有一些則是經過改名或改良後問世，每種點心的沿革歷程大相逕庭。我一方面關注每一款點心的命運軌跡，一方面也希望從眾多軼事中擷取精華，將相關話題透過「小點心大世界」的欄位做介紹。

但願本書能為各位的幸福點心時光帶來一劑調味。

目次

8

10

法國曾於 2016 年進行行政區劃改革，
本書採用的是 2015 年前的區名。
＊內頁（120P）表示詳見第 120 頁

12

13

古代的點心

《舊約聖經》中有一段點心相關的記載。西元前 1800 年，亞伯拉罕（以色列人的先祖）叫妻子撒拉拿上等的麵粉揉成餅，並用這些餅招待三名神的使者。這段記載並沒有詳述「亞伯拉罕的點心」是什麼，不過既然是拿來招待貴客的，想必「餅」是相當貴重的食物。雖然數千年前的食譜已經不可考，不過從當時採集的食物去想像能做出什麼點心也別有樂趣。

烏坦托 Uten-t

年代｜古埃及

拉美西斯三世（Ramesses III，古埃及第二十王朝第二任法老，生卒年不詳，西元前 1198 ～ 1166 年在位）陵墓壁畫中出現的點心，麵粉和水揉成麵團後，塗上油捲起來炸。廣義而言，這可能是派皮的始祖。

迪普里斯 Dypiros

年代｜古希臘

一種類似鬆餅的扁平點心。先用烤盤煎好，飯後再重新加熱，用葡萄酒浸泡後享用。

特里翁 Triyon 或 Thryon

年代｜古希臘

原文是「無花果葉」的意思，被認為可能是布丁（P63）
的前身。當時的美食家兼文學家波路克斯（Pollux）描述
其為「混合豬油、牛奶、小麥胚芽粉、雞蛋、新鮮起司
和牛犢腦之後包進無花果葉中，用雞湯或山羊的羔羊湯
煮，煮熟後去除外葉，將內餡放入煮滾的蜂蜜（用蜂蜜
炸）」。

奧波利歐斯 Obolios

年代｜古希臘

被認為是法國點心「烏布利餅」（oublie，P28）的前
身，價格為一枚奧波勒斯幣（obolus）[※]，因此得名。

※ 相當於 1/6 德拉克馬（古希臘的銀幣，2001 年改用歐元）。

恩特里普頓 Enthrypton
梅里佩可塔 Melipecta

年代｜古希臘

用芝麻與蜂蜜製作的婚禮糕點。芝麻象徵多子多孫，適
合送給步入婚姻的新人。除此之外，婚禮上，會有一名
小孩在席間發送梅里佩可塔（含蜂蜜的油炸點心）。

德拉杰 Dragée

年代｜古羅馬

相傳羅馬貴族法比烏斯家族（Fabius）的一名糕點師尤利烏斯・德拉加圖斯（Julius Dragatus），某次失手將杏仁掉進蜂蜜壺中，誤打誤撞研發出這款名為德拉杰的糖衣杏仁。每當自家舉辦婚禮或繼承人誕生時，法比烏斯家族便會發放糖衣杏仁給市民。那是個沒有砂糖的時代，因此杏仁裹的應該是蜂蜜的糖衣。1220 年，法國凡爾登（Verdun）的藥劑師研發出以蜂蜜和砂糖裹住杏仁的保存法。它原本是作藥材使用，後來變成受歡迎的糖果，並開始普及。

馬里托佐 Maritozzo

年代｜古羅馬

在日本掀起一波熱潮的羅馬生乳包「馬里托佐」，起源自古羅馬時代。與其說它是點心，它更像是巨大的麵包，用麵粉、雞蛋、橄欖油、鹽、葡萄乾和蜂蜜製作而成，據說是一種讓出外工作的丈夫滋養進補的食物。進入中世紀之後生乳包縮小，麵團中加入的是松子或糖漬水果。馬里托佐的語源是義大利文「marito」，丈夫的意思。另有一說是曾有一名男子將戒指藏在生乳包中送給未婚妻，因此得名。

普拉森塔 Placenta

年代｜古羅馬

又名胎盤蛋糕。用麵粉、山羊起司和蜂蜜製作的烘焙點心，被認為是塔類點心的始祖。將薄麵皮，以及用山羊起司、蜂蜜製作的乳霜層層疊起來，進窯爐烤過後倒上蜂蜜享用。除了作為人們吃的點心，也曾作為供奉在神殿祭壇的祭品。

克魯斯圖勒姆 Crustulum

年代｜古羅馬

用雞蛋、麵粉和橄欖油製作而成的義式脆餅（P99），後來進化為義大利法蘭酥「費拉泰勒」（ferratelle）※。

※ 使用專門的鐵製模具，烤成薄薄的格狀點心。模具的花紋五花八門，有的設計成家徽的圖案。

恰恰雷 Chiacchiere

年代｜古羅馬

將麵粉、砂糖和雞蛋做成的麵團炸過後，撒上糖粉而製成。在嘉年華季期間製作。吃的時候發出的咔啦咔啦聲與婦人聊天的聲音相似，因此取名 chiacchiere（閒聊）。不過各地稱呼有所不同，皮埃蒙特叫「bugie」，托斯卡尼叫「cenci」。

「餵驢子吃海綿蛋糕」
（與「對牛彈琴」同義）葡萄牙的諺語

中世紀（5～14世紀）

起司蛋糕以起司為主要材料,大致可以分為烤起司蛋糕、
冷藏凝固的生乳酪蛋糕,以及隔水加熱的輕乳酪蛋糕。

001 / 起司蛋糕
古典的濃郁滋味

年代｜中世紀前期（5〜10世紀）

　　根據文獻記載，西元前776年第一屆古代奧運以「特里翁」（P15）這種點心招待選手。有一說認為特里翁就是起司蛋糕的始祖，讓人萬萬沒想到的是，使用的材料竟然包括牛犢腦。概念就是將營養的食物攪拌在一起煮，然後淋上蜂蜜……所以看起來又像是布丁。而當代起司蛋糕的始祖又是什麼？我們可以追溯到中世紀前期，波蘭的波德海勒（Podhale）地區興盛酪農業，當地會製作一種名為「賽爾尼克」（sernik）的點心。「ser」是起司的意思，賽爾尼克是一種混合白起司和卡士達醬之後烘烤的點心，也就是烤起司蛋糕。後來移民美國的猶太人將賽爾尼克推廣開來，再加上1872年奶油乳酪（cream cheese）的發明，轉眼之間，各式各樣的起司蛋糕便開始百花齊放。

🍴 小點心大世界

> 日本的食品公司摩洛索夫（Morozoff）在1969年推出奶油乳酪蛋糕，據說當時的社長葛野友太郎赴德出差時吃到當地的起司蛋糕「Käsekuchen」，他為之感動並決定將起司蛋糕商品化，而且當時採手工製作，只能生產20〜30個。

/ # 卡諾里起司捲
迷倒黑手黨的瑞可塔起司

年代｜9世紀～

「放下槍，拿卡諾里過來」（Leave the gun. Take the cannoli）。電影《教父》中的這句經典台詞，使得卡諾里起司捲成為萬眾矚目的點心。卡諾里原本是嘉年華慶典的食物，如今已是西西里的代表性點心。關於它的起源，有一說認為可追溯至阿拉伯勢力掌控西西里的時代，卡諾里是妻妾獻給男主人的食物。酥脆的外殼中填入滿滿的瑞可塔起司餡，瑞可塔起司的原料是羊乳而非牛乳，外酥內軟的口感是它的靈魂所在。想要吃到美味的卡諾里起司捲，一定要等開動前的最後一刻再填入內餡。「canna」是拉丁文的「蘆葦」，早期製作卡諾里是用蘆葦將外殼捲成筒狀炸，因此得名。

🍴 小點心大世界

西西里自古以來都在其他國家的掌控下，這段歷史也呈現在點心史上。希臘的杏仁和蜂蜜、阿拉伯的柑橘類水果、開心果、香料，以及西班牙的可可等食材都傳入此地，也建構起了美味點心的地基。

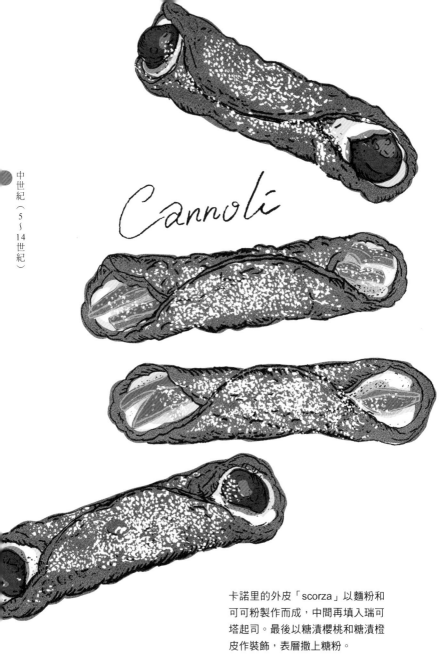

Cannoli

卡諾里的外皮「scorza」以麵粉和可可粉製作而成，中間再填入瑞可塔起司。最後以糖漬櫻桃和糖漬橙皮作裝飾，表層撒上糖粉。

/ # 卡薩塔蛋糕
「美麗是原罪」的復活節點心

年代│9 世紀～

卡薩塔蛋糕彷彿穿著一襲華麗的禮服，因此又有「西西里的點心女王」之稱。不過事實上，其華美的外表是日積月累演變而來的。最初是牧羊人在 quas'at（阿拉伯文，意思為圓杯子）中攪拌瑞可塔起司和蜂蜜，做成甜甜的內餡，「卡薩塔」也是取自 quas'at。經過一段時間後，卡薩塔蛋糕成為修道院製作的復活節點心，不過這個階段發生了一個事件——1500 年代尾聲，由於西西里西部漁村馬扎拉德爾瓦洛（Mazara del Vallo）的修女們過於熱衷製作卡薩塔蛋糕，疏忽了復活節的祭儀活動，導致教會決定下達禁令。儘管觸怒了教會，卡薩塔蛋糕如今依然受人愛戴，果然是名不虛傳的點心女王。

🍴 小點心大世界

2021 年，日本的各大超商開始發售點心「卡薩塔」。這種點心以起司慕斯搭配果乾和堅果，做成小蛋糕或冰品，算是傳統卡薩塔蛋糕的變化版。後來卡薩塔被空前絕後的羅馬生乳包「馬里托佐」熱潮淹沒，成為不出風頭的暢銷商品。

海綿蛋糕體中間夾入瑞可塔起司內餡，再以杏仁膏
（marzipan）和糖漬水果作裝飾。裝飾通常是使用綠
色的杏仁膏，果乾以放射狀鋪排。

Pain d'épice

以麵粉（或裸麥粉）、蜂蜜、肉桂和大茴香等香料為主要材料，有磅蛋糕類型和餅乾類型，大小和形狀各不相同。

004 / 香料麵包
成吉思汗也認可的滋養蛋糕

年代｜10 世紀

　　香料麵包在旅途中不斷進化，透過「吃」被傳承了下來。起點是 10 世紀的中國，有種名為「mi-kong」的點心，由於營養價值高而用作士兵的存糧。統治中國的成吉思汗相當愛好這種點心，於是它經過蒙古傳入中東，最後由想要收復聖地而東征的十字軍，在 11 世紀帶入歐洲。旅經歐洲的時候材料跟著升級，多了香料這一味，改名為「pain d'épices」（香料麵包）。每年 12 月 6 日的聖尼可拉節[1]，法國阿爾薩斯（Alsace）這個地方會分送給孩子們做成餅乾形狀的香料麵包。

（1）兒童的節日，據說聖尼可拉（兒童的保護聖者）是聖誕老公公的原型。

🍴 小點心大世界

佛蘭德（Flandre）*的瑪格莉特公主在 1369 年嫁給勃艮第公國的菲利普三世，香料麵包也傳入了法國的第戎（Dijon），並成為當地的名產。

＊橫跨荷蘭、比利時與法國的地區。

005

格子鬆餅
凹凸格子狀是正字標記

年代 | 11 ～ 12 世紀

　　每次說到 waffle，第一個想到的就是比利時，不過其實它是一種廣泛存在於佛蘭德地區（P27）的鄉土點心，在法國名為 gaufre。格子鬆餅的歷史有一點曲折，鬆餅的前身是古代的點心「奧波利歐斯」（P15），到了五世紀左右的法國變成「烏布利餅」[(1)]，後來才會在烤的時候壓出凹凸的格子狀，這個版本就是 gaufre，gaufre 就是「壓出圖案」的意思。12 世紀尾聲的詩作之中曾出現過這個字，教會前的廣場也會在節日時販賣，可見它廣受中世紀人民的歡迎。

　　奧波利歐斯在荷蘭則是發展成 waffle，語源是「wafel」（蜂巢一般的）。

（1）用鐵板將麵粉和雞蛋做成的麵糊煎成的圓形點心。

🍴 小點心大世界

　1904 年聖路易世界博覽會，現場販賣的冰淇淋沒有足夠的容器盛裝，於是有人將格子鬆餅的麵糊烤成薄餅，捲起來充當容器。這個替代品大受好評，冰淇淋甜筒就此誕生。

麵糊經過酵母發酵之後，夾在格子狀的鐵板中間烤。最知名的格子鬆餅是比利時的 waffle，但其實鬆餅千變萬化，在各地衍生出各種形狀、口感與吃法（P30）。

格子鬆餅的大千世界

不同配方、吃法與形狀

● 列日鬆餅 Gaufre de Liège（比利時）

橢圓形，口感偏札實，加入珍珠糖的餅皮具有彈性。「列日」是比利時的市鎮。

● 布魯塞爾鬆餅 Gaufre de Bruxelles（比利時）

四角形的格子鬆餅外酥內軟，會搭配奶油和水果等佐料一起食用。

● 美式格子鬆餅 American Waffle

比利時格子鬆餅的麵糊用酵母發酵，美式格子鬆餅則是用泡打粉，因此較比利時的格子鬆餅鬆軟。

● 薄脆鬆餅 Gaufrette（法國）

法國的格子鬆餅與比利時是同一種，不過在法國稱為 gaufre。gaufrette 的餅皮烤得比較薄，中間可以夾果醬或奶油。

● 焦糖煎餅 Stroopwafel（荷蘭）

Stroop 意為糖漿，麵糊會烤成薄餅，用焦糖漿當夾心。可以放在熱咖啡杯上，等糖漿融化再食用。

● 日式鬆餅

橢圓形的麵餅烘烤後對折，中間夾入奶油內餡。1891年，米津風月堂的當家米津恒次郎從英國帶回威化餅（wafer）的機器，可惜並不暢銷，於是他將餅皮改良並填入餡料，改以鬆餅之名推出。開始夾入卡士達醬則是到 1896 年之後才出現。

006

艾許迪三角麵包
在點心發展史上功不可沒的麵包？

年代｜11 ～ 12 世紀

　　「從前從前，法國有一處美食之地，名為阿爾比（Albi），阿爾比有種極為不起眼又堅硬的點心，想不到在 500 年後，它成為了巴黎人的寵兒……」這就是艾許迪三角麵包的故事。艾許迪的配方經過幾個世紀的改良，最終才在花都亮相，個中的曲折特別耐人尋味。改良的歷史始於 13 世紀阿爾比的糕點師卡比爾斯（也有一說認為他是研發者），並經由 1710 年在巴黎開店的法瓦爾之手。經過 500 年的實驗，結果竟然是在麵粉中加入碳酸鉀和氨水，這樣的效果是什麼？艾許迪從堅硬口感變成當時人人驚嘆的軟綿口感，最後連名廚安托南・卡漢姆（Antoine Carême，P105）也投入製作。艾許迪的沿革就是平凡點心飛黃騰達的故事。

🍴 小點心大世界

　　1202 年的特許狀上記載的艾許迪三角麵包為「名為 échaudé 的麵包」，隨著時代變遷，艾許迪曾改名為「小讓諾」（petit jeannot），17 世紀以後改為「金布雷特」（gimblette）。據說卡漢姆在 1820 年也製作過艾許迪，不過評價不甚理想。

Échaudé

麵團先煮過再烤，小讓諾會加入
辛香料大茴香，金布雷特則是將
條狀的麵團圈成環狀。

Shortbread

基本配方是麵粉、奶油和砂糖以 3：2：1 的比例製作。有些也會加米穀粉。百萬富翁酥餅（millionaire's shortbread）是奶油酥餅、焦糖和巧克力的三層方塊點心。

007 蘇格蘭奶油酥餅

格紋是英國點心的驕傲

年代 | 12 世紀

　　若想充分品味麵粉與奶油的風味，誕生於蘇格蘭的奶油酥餅是最佳選擇。蘇格蘭奶油酥餅的材料只有麵粉、奶油和砂糖，簡單的味道與名符其實的「酥脆」口感就是它最大的魅力。蘇格蘭奶油酥餅的起源，是用多餘的麵包製作的麵包脆餅（rusk），進化版的麵包脆餅加入大量的奶油，不知不覺便成了高價位的點心。如今的奶油酥餅雖是常備點心，以前卻是僅限於婚禮、聖誕節或慶祝新年享用的食物。席德蘭（Shetland）地區甚至相傳「在進入新居所的新娘頭上掰開奶油酥餅，可以為新娘帶來幸福」，可見奶油酥餅在英國的特殊地位。相信任何人看到知名品牌「Walkers」的紅色包裝，都能了然於心。

小點心大世界

16 世紀中葉，蘇格蘭女王瑪麗・斯圖亞特（Mary Stuart，1542～1587）將自己喜愛的奶油酥餅命名為「petticoat tail」（圓裙的裙襬形狀），使得奶油酥餅廣受愛戴。

/ **德國薑餅**
全世界最古老的「生命」餅乾

年代｜13 世紀

　　漢賽爾和葛麗特在糖果屋吃得渾然忘我，讓孩子們雀躍不已的糖果屋，就是這種薑餅搭建而成。能在童話中登場可不是浪得虛名，有一說認為這是遠自德國紐倫堡、世界最古老的餅乾。主要材料是大量的蜂蜜和香料，當時這款滋養的點心名為「lebenskuchen」，意為「生命的點心」，沒想到原意這麼大有來頭。其實有一說認為蠟燭工人也會製作薑餅，蠟燭是中世紀修道院的必備品，蜜蠟的製作也很興盛，蠟燭工人自然能獲得蜂蜜。相傳將做成教會或聖人圖案的薑餅分發給朝聖者之後，大獲好評。

🍴 小點心大世界

除了薑餅，中世紀的歐洲還有許多點心都會使用辛香料。當時無論餐點或點心都偏好刺激性的味道，而且在沒有冰箱的時代，辛香料常常用來防腐。

以德國薑餅製作的糖果屋。紐倫堡的艾莉莎薑餅
（Elisenlebkuchen）被視為是最高級品，定義上要
含有 25% 以上的堅果和 10% 以下的麵粉類。

009 / 法蘭塔
從鹹食變身為法國家常點心

年代 | 13 ～ 14 世紀

　　在法國，有時候 flan 這個字會用來形容「懶鬼」、「小錢」等不太正面的意思。獲得其名或許是因為它並非花俏的點心，軟綿綿的口感也稍嫌空虛。不過這個帶有挖苦意味的名稱，也證明它有多受人喜愛。法蘭塔肯定是跨時代的法國人最愛的點心，當我們聽到點心時總以為是甜食，但其實法蘭塔的前身是加了牛奶的小麥粥。以前主流的法蘭塔是鹹食，進入中世紀 13 世紀才變成甜點，在當年便頗受歡迎，是貴族吃的高級甜點，不過這個階段的法蘭塔還在發展中，到了 19 世紀以後才進化成現在的型態。

🍴 小點心大世界

法國的「Maison Quillet」曾販售過「蛋白霜法蘭塔」。店裡當家糕點師基耶（Quillet，生卒年不詳）1865 年開發出奶油霜，之後長年活用於各種點心的裝飾。

Flan

在塔皮中填入卡士達醬，
擺放黑棗乾和櫻桃後烘
烤。從語源flado（平坦
之物）可知，早期是種扁
平的圓形點心。

中世紀（5～14世紀）

以麵粉、奶油、果乾、堅果等製作的德勒斯登（Dresden）
名產，從待降節（聖誕節前一個月）前後開始烤，一路慢慢
吃到聖誕節。各地也會製作杏仁膏或罌粟籽等內餡的史多倫
麵包。

史多倫麵包
一片一片吃到聖誕節來臨

年代 | 1329 年

　　對於德國人而言，聖誕節點心不外乎是薑餅（P36）和史多倫麵包。Stollen 誕生於德勒斯登，原意是「棒狀」、「柱狀」，這個名稱聽來雖略顯乏味，史多倫形狀的由來倒是令人眼睛為之一亮。關於這個形狀的說法莫衷一是，不過據說是仿擬耶穌兒時的搖籃，外層裹的糖粉則是代表耶穌誕生日的雪，意象上相當詩意。史多倫麵包最早的記載是在 1329 年，記載指出這款麵包原本是進獻給主教的食物。當時以麵粉製作的麵包相當珍貴，平民百姓無緣一嚐，但味道似乎並不特別值得一提。史多倫麵包到了 15 世紀才加入奶油和砂糖，歲月飛逝，如今它的滋味豐富，美味到聖誕節前就會被吃個精光。

🍴 小點心大世界

德勒斯登自 1994 年起舉辦史多倫節，慶典的起源可追溯到 1730 年，當地的奧古斯特國王命人製作了 1.8 噸的史多倫麵包作為權威的象徵。過節的時候，人們會穿上當時的服裝，用馬車搬運史多倫麵包在街上遊行。

Gâteau de Savoie

主要材料為一比一的麵粉與玉米澱粉、雞蛋和砂糖，口感輕盈。通常是用有深度的大型薩瓦蛋糕模具烘烤，形狀會因地區而異，變化多端。也有人用咕咕霍夫蛋糕（kouglof）的模具。

011 / 薩瓦蛋糕
羅馬皇帝也為之傾倒的優雅蛋糕

年代 | 1348 年

　　有沒有什麼點心能助人步步高升？法國薩瓦（Savoie）地區的傳統點心薩瓦蛋糕就是答案。1348年，薩伏依伯爵阿梅迪奧六世（Amédée VI de Savoie）邀請宗主，也就是神聖羅馬帝國的皇帝，盧森堡的查理四世參與晚宴。薩伏依伯爵為了表達謝意（也為了能晉升公爵），命人用比平常更大的盤子盛裝餐點，並研發出這款點心。薩瓦蛋糕美麗的外觀仿擬的可能是城堡或阿爾卑斯山，吃起來蓬鬆可口。相傳薩瓦蛋糕的美味讓皇帝感動不已，決定延長停留時間，並且餐餐享用。後來，阿梅迪奧六世被任命為神聖羅馬帝國的帝國代理人，1416 年，他的孫子阿梅迪奧八世如願以償，獲得公爵之位。這個故事告訴我們，點心可以締造歷史！

🍴 小點心大世界

1788 年，薩德侯爵（Marquis de Sade）*違反公共秩序罪被關進巴士底監獄，據說他在獄中依然命人每天傍晚五點的午茶時間送薩瓦蛋糕來給他吃。

＊「Sadism」（虐待狂）的語源即薩德侯爵，他是貴族也是小說家。

012 / 薩瓦亞蒂手指餅乾 & 沙巴雍醬

薩瓦亞家族的手指餅乾

年代 | 1348 年

　　手指餅乾是義大利皮埃蒙特（Piemonte）的烘焙點心，1348 年誕生於薩瓦亞家族[1]，與薩瓦蛋糕（P42）竟然是同一個家族。薩瓦亞家族在歷史的洪流中，發明了兩個國家的點心，是個老饕世家。名廚泰耶馮（Taillevent）也是他們的歷代廚師之一，能夠發明名留青史的點心也是理所應當。而沙巴雍醬的起源一說認為是 16 世紀的義大利，也有人認為是研發於 17 世紀杜林（Torino）的飲品，又或是認為它來自於威尼斯的一種奶油「zabaja」。

（1）義大利文「薩瓦亞（Savoia）」即法文的「薩伏依（Savoie）」。

🍴 小點心大世界

　泰耶馮本名紀堯姆・提埃（Guillaume Tirel，1310～1395），
　著有第一本法文食譜《肉類食譜》（*Le Viandier*）。推測的執
　筆時間為 14 世紀末，印刷則是 15 世紀以後。

Savoiardi 是酥脆的手指餅乾，通常會佐以加了瑪莎拉酒（Marsala wine）的蛋黃醬「沙巴雍」。沙巴雍的法文是「sabayon」。

Apple pie

蘋果派有各式各樣的形狀。加上冰淇淋的蘋果派名為
「apple pie à la mode」。使用英國的布拉姆利蘋果
（Bramley）做內餡的蘋果派，被指定為 TSG（傳統特
產保護），材料和做法上都有嚴格的規定。

013 / 蘋果派
禁忌果實的酸甜點心

年代｜1390年

　　很多人以為蘋果派是美國的主場，但其實1390年英國的食譜中出現過可能是蘋果派的始祖，裡面除了蘋果還有葡萄乾、無花果、洋梨、番紅花等餡料，比較接近塔類甜點。後來它又是怎麼與美國產生交集的？其實蘋果派的歷史是從17世紀的歐洲移民傳入蘋果之後才開始，食譜的記載則是要等到18世紀末。不過美國會說「Mom's apple pie」是「媽媽的味道」。蘋果是拓荒時代珍貴的食材與營養來源，他們對蘋果的敬愛之心可見一斑。蘋果派既是佳餚，也是愛國的象徵，而日本人心目中的蘋果派，大多也流著美國的血液。

🍴 小點心大世界

19世紀初的美國，強尼・蘋果種子（Johnny Appleseed）本名約翰・查普曼（John Chapman，1774～1845），他在徒步旅行的新大陸上到處散播蘋果的種子，如今依然是受人愛戴的拓荒時代英雄。

/ # 杏仁奶凍
白色奶凍的靈魂是杏仁

年代 | 14 世紀

　　古代人早就知道杏仁有養顏美容、促進健康的效果。杏仁的種植從 4000 年前便開始，中世紀歐洲的餐點和點心也會使用到杏仁奶，杏仁奶凍就是其中之一。14 世紀的羊皮紙上寫著「blamanser」一詞。關於杏仁奶凍的起源，有一說認為是使用杏仁粉和砂糖的阿拉伯點心，也有一說認為發源地是法國朗格多克（Languedoc）地區的都市蒙彼利埃（Montpellier）。Blanc manger 意為「白色的食物」，不過它一開始並非優美的白色點心，而是從早期類似杏仁肉凍或濃湯的料理逐步改良，直到 19 世紀的安托南·卡漢姆（P105）將它拔擢到主流甜點的地位。

🍴 小點心大世界

與杏仁奶凍非常相似的杏仁豆腐，是以杏仁種子製作的中式點心。杏仁的種植始於西元前 3000 年，種子有止咳的效果。有些醫生不收醫藥費，而是要求病人種植杏樹，最後杏樹成林，因此在中國醫界又有「杏林」之稱。

Blanc-manger

以杏仁奶製作的奶凍，早期是使用磨碎的杏仁製作杏仁奶，現在也會在牛奶中添加杏仁風味，並以吉利丁凝固成形。

The first pancake is always spoiled.
（第一片鬆餅必然失敗）諺語

近世（15~17世紀）

015 / 卡利頌糖
與塞尚同鄉的知名點心

年代｜15 世紀中葉

　　畫家保羅‧塞尚（Paul Cézanne）十之八九吃過卡利頌糖。17 世紀，南法的艾克斯普羅旺斯（Aix-en-Provence）開始製作這款一口吃的點心。卡利頌糖有一則溫馨的軼事。1454 年，艾克斯普羅旺斯的統治者勒內一世（René d'Anjou）在婚禮上，為了博取愁眉苦臉的讓娜公主（Jeanne de Laval）一笑，命人製作出卡利頌糖。公主吃了糖後笑逐顏開，並說出「Di calin soun」（宛如一個擁抱）這句話。另一說認為是當時欣喜的家臣說「卡利頌糖如同 carin（溫柔的親吻）一般」。關於 calisson 的由來還有一些說法，比方說用來讓卡利頌糖乾燥的 canissoun（圓形透氣盤），或是感謝鼠疫平息的彌撒上是以 calice（聖杯）來盛裝等。不過這麼小巧可愛的點心，似乎比較適合溫柔的國王與皇后的故事。

🍴 小點心大世界

製作卡利頌糖會使用到糖漬水果（fruits confits）。用蜂蜜醃漬水果與堅果是古老的保存法，糖漬法與砂糖一同隨著十字軍傳播開來，14 世紀左右，法國也開始製作糖漬水果。

Calisson

近世（15～17世紀）

將杏仁和甜瓜、柳橙等糖漬水果磨碎後，製作出一口吃的
點心。從菱形模具脫模後裹上糖霜，外型相當討喜。

016 / 潘妮朵尼麵包
圓頂型的巨大麵包

年代｜15 世紀末

　　該吃潘妮朵尼麵包或是史多倫麵包（P40）呢？聖誕節前夕才會有這麼奢侈的煩惱。潘妮朵尼麵包在日本也算廣為人知，它的誕生地是義大利的米蘭。有一說認為潘妮朵尼的始祖出現在 3 世紀左右，不過一般傳誦的故事發生在 15 ～ 16 世紀——米蘭公爵盧多維科·斯福爾扎（Ludovico Sforza）的廚師在製作聖誕點心時搞砸了，他傷透腦筋，最後決定改上弟子托尼（Toni）的點心，結果托尼的點心大獲好評。這款托尼烤的麵包（pane di toni），後來就被稱為 panettone。另有一說，認為是一名叫烏蓋特（Ughetto）的麵包店師傅，他將自己烤的麵包取了老闆托尼的名字。總而言之，在享用潘妮朵尼的時候，我們不妨也感念敬愛師傅的弟子吧。

小點心大世界

> 1900 年代，米蘭的糕點師安傑洛·莫塔（Angelo Motta）開始在工廠生產潘妮朵尼麵包，並且大獲成功，米蘭的點心就此進軍全世界。

Panettone

圓頂型的麵包點心，麵團中加入葡萄乾或柳橙等糖漬水果。
在潘妮朵尼麵包的大本營義大利，會使用天然酵母經過多次
發酵，使它不僅口感蓬鬆還能夠久放。

英國薑餅
自古備受重視的防疫蛋糕

年代｜15 世紀

　　大蒜剋吸血鬼，生薑剋鼠疫！不知道中世紀的人是否真的這樣說過，不過 16 世紀鼠疫流行，相傳英國國王亨利八世推薦國民吃具有藥效的薑去預防，因此有說法認為這是英國薑餅（Gingerbread）的起源。另一說則認為英國薑餅早在 15 世紀便存在。薑自古就被認為有保暖、殺菌、健胃等各種藥效，是種珍貴的食材，甚至帶有祛邪的意義，可說是民間療法的要角。話說回來，可愛的薑餅人是加了薑汁的餅乾，起源是亨利國王的女兒伊莉莎白一世在款待貴賓時，命人以貴賓的外型製作點心，並當作禮物送給對方。

🍴 小點心大世界

1875 年，薑餅人的故事《The Gingerbread man》公開之後，這個角色與薑餅都躍上主流的舞台。

018 / 年輪蛋糕
細烤慢烘的年輪花紋

年代｜15 世紀

　　烘焙年輪蛋糕（Baumkuchen）的時候總讓人感覺到內心的平靜。每一層木紋都是耐著性子花時間慢慢烤出來的。年輪蛋糕的歷史相當悠久，雖然在長棍上盤繞麵團再以直火烤的方法自古存在，不過目前發現最古老的年輪蛋糕食譜出現在 1450 年左右的德國海德堡。當時有種叫「串烤蛋糕」（spiesskuchen）的點心，是用條狀的麵團烘烤。17 世紀末才開始像現在一樣，邊烤邊轉棍子並淋上麵糊。到了 18 世紀才形成有年輪花紋的年輪蛋糕，發源地是薩爾茨韋德爾（Salzwedel）。日本的第一個年輪蛋糕出現於 1919 年，德國的卡爾‧尤海姆（Karl Joseph Wilhelm Juchheim）將年輪蛋糕帶至廣島物產陳列館（現在的原爆圓頂館）舉辦的德國作品展售會。

小點心大世界

1923 年，卡爾‧尤海姆（1886 ～ 1945）在神戶開設點心店「Juchheim」。點心店在戰爭期間損失慘重，他本人也在終戰前一天離世，所幸後來他的愛徒們籌措資金，1948 年重建。創業超過一世紀的「Juchheim」，至今依然採用當年的食譜。

近世（15 ～ 17 世紀）

Zuppa inglese

一層是泡過甜酒的海綿蛋糕，
一層是卡士達醬，最上面用奶
油做裝飾。皮埃蒙特大區的版
本會以手指餅乾（P44）取代
海綿蛋糕。

019 / 英國湯

美味的關鍵是修道士的鮮紅甜酒

年代｜16 世紀中葉

英國湯是一種用湯匙吃的紅色點心，紅色的來源是阿克米斯甜酒（Alkermes）。這款點心的靈魂是甜酒，由佛羅倫斯歷史悠久的新聖母大殿修道士研發出來。英國湯也被認為是提拉米蘇的前身，因此無疑是種義大利點心，但為什麼叫做「英國湯」？16 世紀中葉，麥地奇（Medici）家族的使者科雷吉奧公爵（Correggio）造訪托斯卡尼時，愛上了這款由托斯卡尼的糕點師所研發的點心。公爵覺得它很美味，並在麥地奇家族中復刻，於是獲得「公爵湯」之美名，也深受宴席間英國賓客的喜愛，因此不知不覺開始被稱為「英國湯」……。這道點心就此變成了神秘的甜品，從名稱難以想像它的身世與外觀。

🍴 小點心大世界

新聖母大殿的歷史始於 13 世紀，教會從當時就在調配藥品與甜酒，1612 年正式獲得核准為藥局，如今依然在販賣阿克米斯甜酒。

近世（15〜17世紀）

020 / 佐可托圓頂蛋糕
建築師研發的第一款冰糕

年代｜16 世紀中葉

　　這款蛋糕的剖面相當可愛，圓頂的弧形醞釀出一種獨特的氣氛，據說起源是義大利建築師構思的點心。16 世紀佛羅倫斯的重要建築師貝納多·布翁塔倫提（Bernardo Buontalenti）為麥地奇家族製作過一款蛋糕，這款蛋糕就是佐可托圓頂蛋糕的前身，它同時也是史上第一次出現的半冷凍冰糕（semifreddo）。想當然爾，大名鼎鼎的義式冰淇淋也是出自他之手。這款耳目一新的冰糕後來被凱薩琳·德·麥地奇（Catherine de Médicis）[1] 帶入法國，並在世界的舞台上大放異彩。有一說認為這款蛋糕的外形是仿擬聖職人員戴的圓形小帽子（zucchetto），或者相似形狀的南瓜（zucca），因而得名。

（1）凱薩琳·德·麥地奇（P102）。

🍴 小點心大世界

> 布翁塔倫提研發出在冰塊中加入硝石的低溫冷卻技術。冷卻技術隨後廣傳開來，1603 年英國的文獻中出現了「sherbet」（雪酪）這個詞，佛羅倫斯有一種義式冰淇淋的口味就叫「布翁塔倫提」。

Zuccotto

圓頂形的冰糕蛋糕，在浸泡甜酒的海綿蛋糕中填入滿滿的
奶油內餡，內餡拌入堅果、糖漬水果和巧克力等，是托斯
卡尼的傳統點心。

Pudding

焦糖布丁的法文是 crème renversée au caramel。由於做好的布丁會倒扣在盤子上,因此法文直譯為「將焦糖口味的蛋奶餡倒置」。

021 / # 布丁
船廚發明的燜燒食品

年代｜16 世紀中葉

當聽聞布丁是誕生於地理大發現時代的海上點心，通常都會想像這是一段浪漫的故事，不過締造布丁歷史的人物，是 1588 年英西戰爭中的英國船上廚師。物盡其用是船上的處事準則，廚師將剩餘的麵包屑、肥肉與蛋汁攪拌燜燒，成品意外可口。這道「燜燒大雜燴」就是最原始的布丁。布丁的身世眾說紛紜，隨著時代變遷，用料漸漸去蕪存菁，進入 18 ～ 19 世紀時，成為又甜又軟的焦糖布丁（custard pudding）。焦糖布丁在江戶後期～明治初期傳入日本，1872 年的文獻《西洋料理通》中記載了幾種混搭日本食材的布丁，包括柿餅布丁和蜜柑布丁等。

小點心大世界

1963 年，美國的「General Foods」公司（現在的「Kraft Foods」）將即食布丁商品化，日本的「好侍食品」也於 1964 年推出「布丁粉」，推動了布丁的普及。

近世（15～17世紀）

63

查佛蛋糕
名稱不光彩依然備受愛戴

年代｜16 世紀後半

　　原意為「小事一樁」的查佛蛋糕，是英國人的餐桌良伴。查佛蛋糕的研發原本是為了改善船員的飲食，將囤積在船上的脆餅泡酒軟化後，再淋上鮮奶油或果醬。只要用手邊的材料，任何人都能輕鬆做出查佛蛋糕，因此被取了這麼冒犯的名稱。雖說做法簡單，查佛蛋糕依然在 1596 年首次登上食譜書。進入 18 世紀，它的食譜更加昇華，變成以精美的玻璃容器盛裝的知名甜點。當時的推手是受國民愛戴的維多利亞女王，她特別喜愛查佛蛋糕。如今在英國超市可看到查佛蛋糕粉、專用海綿蛋糕和鮮奶油陳列架上，它已經是全家團圓或派對上的必備品。

🍴 小點心大世界

伊莎貝拉・比頓（Isabella Mary Beeton，1836 ～ 1865）的著作《比頓夫人的家務管理書》（*Mrs Beeton's Book Of Household Management*），是維多利亞時代熱銷的家庭指南書。除了記載查佛蛋糕，也以插圖介紹各式各樣的點心。

Trifle

由吸足雪莉酒的海綿蛋糕、卡士達醬、果醬、鮮奶油和水
果層層堆疊而成的冷製甜點。在英國也會加入果凍。

023 / 布里歐麵包
香氣優雅的維也納麵包

年代｜16 世紀

　　相傳瑪麗・安東妮（Marie Antoinette，P104）曾對飢寒交迫的國民說：「沒有麵包，何不吃布里歐？」不過這其實是對她的不實指控。這句話的原始出處是盧梭的自傳《懺悔錄》。希望有麵包配葡萄酒的盧梭，想起某位王妃說過這番言論，但並沒有指涉安東妮。堂堂的紳士不能去麵包店，但應該去得了點心店，於是他在點心店買了布里歐麵包——大致是這樣的故事。「某位王妃」不明不白地被穿鑿附會成安東妮，枉受千古罵名的她值得同情。用了大量奶油和雞蛋的布里歐是種麵包還是點心？其實答案沒有那麼非黑即白。有人認為布里歐出現於 16 世紀的諾曼第（Normandie），也有人認為發源地是維也納，17 世紀傳入法國，並定義為點心類麵包（維也納麵包，viennoiserie）。

小點心大世界

以紅色果仁糖（praline，P88）裝飾的聖傑尼布里歐麵包（brioche de Saint-Genix）是薩瓦地區的點心。相傳聖亞加大貞女（Sant'Agata）因為拒絕婚事而被切除乳房，於是後人選擇在 2 月 5 日聖亞加大的生日，製作乳房形狀的點心。

66

Brioche

Brioche 的語源與製作方式有關，是諾曼語的「brier（壓碎）」和「hocher（攪拌）」。比較常見的布里歐是底座上長出一顆頭（也有人認為是僧侶的坐姿）的「圓頭布里歐麵包（brioche a tete）」。

024

馬卡龍
義大利的種子在法國開花結果

年代｜16 世紀

　　1533 年，14 歲的貪吃公主凱薩琳・德・麥地奇
（P102），嫁給法國國王亨利二世。相傳在公主的要求
下，廚師們完美復刻了她故鄉義大利的味道，由蜂蜜、
杏仁和蛋白製作的點心——馬卡龍，多半也是其中之
一。一般認為馬卡龍的前身，是 8 世紀在威尼斯亮相的
古老點心，修道院也注意到它，被禁止吃肉的修女們用
心開發出了使用杏仁、營養豐富的馬卡龍。儘管主要材
料大同小異，但是每間修道院都發明出個別特色的馬卡
龍留存至今，形成相當有趣的局面。日本人熟悉的馬卡
龍是兩片餅殼夾著內餡的巴黎風馬卡龍，這種馬卡龍的
風格華麗，直到 20 世紀之後才出現。

🍴 小點心大世界

巴黎風馬卡龍的研發者是皮耶・德斯方登（Pierre
Desfontaines），他也是巴黎百年點心店「拉杜蕾」
（Ladurée）創始人路易・歐內斯特・拉杜蕾（Louis Ernest
Ladurée）的表弟。

巴黎風馬卡龍又名 macarons lisse（lisse 意即「光滑」），
原本是一片一片分開吃的點心。

法國各地的馬卡龍

由來與特色

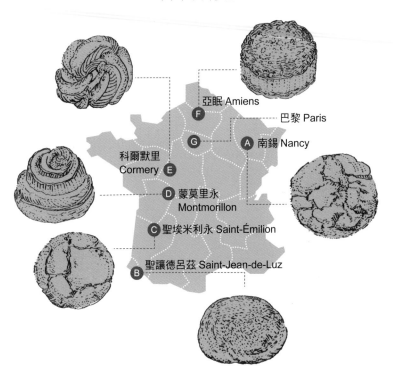

亞眠 Amiens
巴黎 Paris
南錫 Nancy
科爾默里 Cormery
蒙莫里永 Montmorillon
聖埃米利永 Saint-Émilion
聖讓德呂茲 Saint-Jean-de-Luz

F
G
A
E
D
C
B

A 南錫馬卡龍（洛林大區，Lorraine）

起源是凱薩琳・德・洛林（Catherine de Lorraine，凱薩琳・德・麥地奇的孫子）創辦的修道院，法國大革命後被趕出修道院的修女，為了感謝南錫修道院的庇蔭而製作出這份禮物，別名「修女的馬卡龍（sœur macaron）」

B 聖讓德呂茲馬卡龍（巴斯克地區，Pays Basque）

1660 年，路易十四和西班牙的瑪麗・泰蕾莎（Marie Thérèse d'Autriche）舉辦婚禮時，甜點師亞當獻上這款馬卡龍。

C 聖埃米利永馬卡龍（亞奎丹大區，Aquitaine）

起源於 1620 年聖吳甦樂會（Company of Saint Ursula）的修女，修女製作的時候添加了甜口的葡萄酒。

D 蒙莫里永馬卡龍（普瓦圖 - 夏朗德大區，Poitou-Charentes）

19 世紀的馬卡龍，擠出麵糊的形狀後烘烤。

E 科爾默里馬卡龍（中央大區，Centre-Val de Loire）

發源自 781 年科爾默里的修道院，被認為是法國最古老的馬卡龍，特色是如多拿滋一般中空。

F 亞眠馬卡龍（皮卡第大區，Picardie）

從 16 世紀左右起就是當地的特色糕點，使用蜂蜜、果醬和杏仁油，口感偏濕黏。

G 巴黎馬卡龍（P69）（法蘭西島大區，Île-de-France）

Cannelé，意為「有溝槽」，使用的烘烤模具有 12 條溝槽，銅製的模具內側塗上的蜂蠟，造就它美麗的烤後色澤與獨特的口感。

025

／ 可麗露

／ 葡萄酒聖地誕生的精品

年代｜ 16 世紀

　　很難想像有這種點心存在，外表是有光澤的焦糖咖啡色，吃起來是又脆又彈又苦又甜。可麗露便是如此獨一無二的法國點心，甚至有人成立了「波爾多可麗露協會（Confrérie du Canelé de Bordeaux）」。關於可麗露的身世莫衷一是，有一說認為起源於 16 世紀修道院製作的管狀點心「canelat」，後來法國大革命爆發，在動盪的局勢中有一段時間無法製作，直到 1830 年才重啟製作，最後進化為現在這種有溝槽的釣鐘可麗露。講到波爾多可不能不提葡萄酒，它與可麗露也有頗深的淵源。葡萄酒的沉澱物是用蛋白去除，殘餘的大量蛋黃就被送進修道院，因此孕育出了可麗露。

🍴 小點心大世界

> 1985 年成立的同業工會「波爾多可麗露協會」，力求保存傳統的可麗露。光是波爾多的可麗露製造商就有超過 600 間。

近世（15～17世紀）

026 / 克拉芙多拿滋＆邦波洛尼多拿滋

不會爛醉的嘉年華點心

年代｜16 世紀

　　克拉芙多拿滋是種沒有洞的甜甜圈，別名柏林多拿滋（Berliner Pfannkuchen 或 Berliner），各地有不同名稱，是德國和奧地利的經典點心。有人說 16 世紀馬克斯・倫波特（Marx Rumpolt）的書中已經記載了克拉芙多拿滋的食譜；有人則認為 1756 年，戰地的柏林糕點師將圓形麵團用平底鍋炸出來的食物才是它的起源……大概有多少種名稱就有多少種版本的身世。德國在齋戒前的嘉年華吃它狂歡，跨年時則會在眾多克拉芙多拿滋中選一顆填入黃芥末取樂。由此可見，克拉芙多拿滋是種派對必需品，日本 1987 年出版的《德國點心入門》[1] 中也介紹「喝酒配這個就不會爛醉」。

（1）《德國點心入門》，鐮倉書房出版（條目為 Berliner）。

🍴 小點心大世界

義大利有種外形與克拉芙多拿滋類似，但內餡包的是卡士達醬的點心叫「邦波洛尼」。18 世紀的托斯卡尼由哈普斯堡家族（Haus Habsburg）統治，克拉芙多拿滋也在此時傳播發展。

Krapfen & Bomboloni

克拉芙多拿滋的內餡種類眾多，德國北部是覆盆子類的紅
果醬，南部與奧地利是杏桃果醬。嘉年華期也會使用蛋奶
酒或其他甜酒製作。

Mince pie

英國的小孩會在聖誕夜睡前為聖誕老人準備明斯派和飲料，
為馴鹿準備牛奶。

明斯派

宗教色彩濃厚的小圓派

年代 | 16～17 世紀

　　哈利波特和《BJ 單身日記》的布莉琪·瓊斯都吃過明斯派[1]，這是英國聖誕節必備的點心。16 世紀的明斯派內餡是絞肉、果乾、香料和板油（suet）[2]拌成的肉餡（mincemeat），後來肉類越用越少，更加接近現在的形式。但是到了 17 世紀，明斯派強碰上清教徒革命。明斯派本來是在仿擬耶穌兒時的搖籃，做成橢圓形的樣子，在當時卻被認作是偶像崇拜而禁止，人們為了規避士兵的追查而做成小圓派，秘密慶祝聖誕節。耶穌有十二使徒，因此相傳從聖誕節到主顯節（P81）每天吃一塊派，吃到十二塊時就能獲得幸福。

（1）編註：常見譯作「百果派」。
（2）牛羊腎臟周遭的油脂。

近世（15～17 世紀）

🍴 小點心大世界

耶穌誕生後，三賢士前來獻上黃金、沒藥（myrrh）和乳香作為祝賀。相傳和堅果、油脂混在一起的沒藥，就是明斯派的始祖。

國王派
慶祝主顯節的國王級點心

年代｜16～17世紀

　　吃到小瓷偶（fève，原意蠶豆，P81）的人就是今天的國王！這個小遊戲是過主顯節（P81）的一大樂趣。抽小瓷偶的起源，是感謝農業之神薩圖爾努斯（Saturnus）的祭典。當時使用的是乾燥蠶豆，抽中者可以讓主人侍奉自己，後來在決定教會的負責人時，是在麵包中放金幣抽選，因此如今的國王派習俗，才會有「中者為王」和慶祝主顯節的意義。話說回來，國王派的完成，要等到派皮和奶餡完備的16～17世紀，更早出現的是用布里歐麵團烘焙的國王派，如今南法吃的依然是環狀的國王布里歐。

🍴 小點心大世界

相傳凱薩琳・德・麥地奇（P102）1533年嫁到法國的時候，戀慕她的羅馬貴族佛蘭基帕努（Frangipane）伯爵，將國王派奶餡（杏仁奶餡，crème frangipane）的食譜贈與她。

Galette des rois

一般認為國王派的製程考驗甜點師必備的所有技巧，因此是「MOF 法國最佳職人」（Meilleur Ouvrier de France）測驗的題目。

國王派的刻紋

大自然圖案象徵的意義

月桂樹
（葉片刻紋）

太陽
（漩渦刻紋）

勝利

生命力

麥穗
（人字形刻紋）

向日葵
（格紋刻紋）

豐饒

光榮

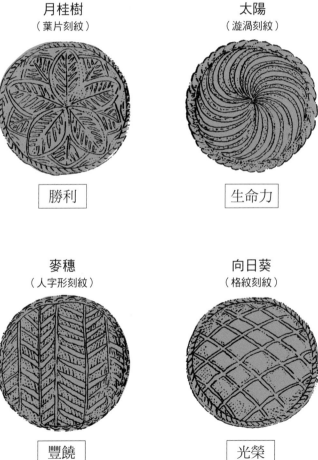

● 小瓷偶（fève）

fève 是法文的「蠶豆」，富含營養的蠶豆自古就是人類的珍貴糧食，而且形狀與胎兒相似，因此象徵著生命、重生與復活的意義。人們會在婚禮或農耕的儀式中撒蠶豆或獻上蠶豆，藉此祈求豐收與多子多孫。甜點或麵包裡的 fève，到了 1847 年才變成小瓷偶，有一說認為當時的小瓷偶，是巴黎糕點店向德國的麥森瓷器訂購的，一開始想做成聖人這類基督教相關的圖案，後來變化出動物、點心、戒指等各種不同造型，如今也有為數不少的小瓷偶收藏家存在。

主顯節（Épiphanie）

1 月 6 日，慶祝耶穌基督顯現的節日。耶穌誕生後，東方三賢士前來謁見祝賀，耶穌的誕生在經過這次謁見之後才公諸於世。與親朋好友共同分享國王派，是慶祝主顯節的習俗。

029 / 阿曼丁杏仁塔
首次問世的杏仁塔

年代 │ 1638 年

　　「只要擁有一技之長，不怕沒地方發揮」。這句話可以用來描述巴黎的糕點師希普利安・拉格諾（Cyprien Ragueneau）。拉格諾 1638 年研發出阿曼丁杏仁塔，但是他身兼詩人和舞台劇演員，而且接受劇場的入場券當作點心費，生活其實無法太過富裕。不過機會終於在他死後敲門了。愛德蒙・羅斯丹（Edmond Rostand）1897 年的舞台劇戲劇《西哈諾・德・貝傑拉克》（*Cyrano de Bergerac*，又名大鼻子情聖），劇中主角西哈諾的愛店有賣阿曼丁杏仁塔，它的食譜也在劇中被公開。結果呢？不但這部劇大受歡迎在世界各國巡演，拉格諾的杏仁塔也一戰成名。不知道是不是拉格諾灌注在舞台劇的熱情引發了效應，總之如今他的店面依然存在於巴黎。

🍴 小點心大世界

　西哈諾・德・貝傑拉克（1619 ～ 1655）是法國的文學家、自由思想家，著作包括《月世界旅行記》（*Histoire comique des etats et empires de la lune*）和《太陽世界旅行記》（*Histoire comique des eats et empires du soleil*）等。西拉諾在戲劇中被寫成一個擁有醜陋大鼻子，但心地善良的劍客。

82

Amandine

阿曼丁杏仁塔以杏仁片、歐白
芷（angelica）和糖漬櫻桃作
裝飾，通常做成小巧可愛的一
人份大小，比較大的尺寸可能
會使用水果塔當作基底。

Crème brûlée

Crème brûlée 即「燒焦的奶餡」，將紅糖撒在卡士達醬
上，再用噴槍或進烤箱烤至表面呈現焦糖色。

030

焦糖烤布蕾

用湯匙敲碎吃更幸福

年代 | 1691 年

近世（15～17世紀）

　　用湯匙把焦糖敲碎，吃起來脆脆的好過癮！許多人都與《艾蜜莉的異想世界》的艾蜜莉有所共鳴，焦糖烤布蕾因此一炮而紅。焦糖烤布蕾的身世有幾個可能性，有人認為起源於法國的一種家庭點心「奶餡盅（pot de crème）」，後來保羅・包庫斯（Paul Bocuse）改用碟子盛裝；也有人認為起源於 17 世紀英國的鄉土點心「烤奶餡（burnt cream）」。不過最有力的起源說，是西班牙加泰隆尼亞（Catalunya）的傳統點心「加泰隆尼亞烤布蕾（crema catalana）」。弗朗索瓦・馬西亞洛（François Massialot）將這款 17 世紀以前就存在的點心帶入法國加以改良，並在 1691 年的著作中公開了第一份焦糖烤布蕾的食譜。相傳焦糖烤布蕾曾經獻給路易十四的弟弟，奧爾良公爵（duc d'Orléans）菲利普。

🍴 小點心大世界

> 法國電影《艾蜜莉的異想世界》是奧黛莉・杜朵（Audrey Tautou）主演的奇幻片，主角艾蜜莉的興趣是敲碎烤布蕾的焦糖片。電影不但全球票房亮眼，也使得焦糖烤布蕾成為新寵兒。

strudel 是漩渦的意思，奧地利也會做蔬菜或肉類內餡的鹹
食烤捲。一般認為好的酥皮（strudelteig）要薄到可以在
下方放報紙閱讀。

蘋果酥捲

薄脆酥皮捲出的奧地利特色點心

年代 | 1696 年

據說酥皮捲（strudel）是春捲的始祖，兩者同樣是種薄皮捲，看起來確實是近親，不過蘋果酥捲的起源其實是土耳其點心「巴克拉瓦」（baklava）。巴克拉瓦的薄脆酥皮（filo）是用玉米粉和麵粉製作，15 世紀左右傳入歐洲。接下來的故事在歷史上就很常見了，巴克拉瓦在不同土地上經過各種改良，漸漸開始包各種餡料烤。酥皮捲世界中的教主，便是包蘋果的蘋果酥捲（匈牙利文「rétes」），目前還留存 1696 年的手寫食譜。哈普斯堡王朝的女王瑪麗亞‧特蕾莎（Maria Theresia）長年統治奧地利及全歐洲，她也是知名的蘋果酥捲愛好者。

近世（15～17世紀）

🍴 小點心大世界

維也納是奧地利首都，點心特色是細細長長的形狀。哈普斯堡家族是虔誠的天主教徒，他們只允許一些特殊的點心做成圓形，因為切開圓形點心的時候會劃出十字。

普拉林果仁糖

使主人博得美名的杏仁小點

年代｜17 世紀

　　相傳侍奉路易十三世的普萊西 - 普拉林（Plessis-Praslin）公爵總是隨身攜帶這種果仁糖，為的當然是不期而遇的美麗貴婦。而讓普拉林公爵在繁華的宮廷內大獲好評的這款點心，是他御用的廚師克萊蒙・賈魯佐（Clément Jaluzot）研發出來的。賈魯佐某次製作牛軋糖的時候，看到剩餘材料黏在鍋底，突然好奇加入杏仁會變成什麼。另外也有人認為是他不小心將杏仁掉在地上，無可奈何只好用砂糖去煮，才有後來的果仁糖，總之果仁糖的身世也是眾說紛紜。無論是突發奇想或將錯就錯，我們能肯定的是果仁糖讓公爵和貴婦皆大歡喜。賈魯佐後來在家鄉創立的果仁糖專賣店成為宮廷御用店家，作為法國蒙塔日（Montargis）的知名糕點傳承至今。

🍴 小點心大世界

> 另有一說，認為普拉蘭公爵前往投石黨之亂（1648 ～ 1658）的談判現場，分送杏仁點心給敵軍。敵軍深受感動，於是以他的名字將果仁糖命名為 Praline（Praslin 的陰性詞）。

Praline

普拉林果仁糖是裹著焦化砂糖的杏仁小點，大多是咖啡色。粉紅杏仁糖（pralines roses）使用的則是染紅的砂糖，用來裝飾聖傑尼布里歐麵包（P66）。

Sfogliatella

這道拿坡里的點心，原意為「千層」，內餡是瑞可塔起司醬。千層可分成以派皮做的 sfogliatella riccia 與以塔皮做的 sfogliatella frolla。

千層貝殼酥
修女的無心插柳

年代 | 17 世紀

擁有美麗貝殼外型的千層貝殼酥，誕生於 17 世紀南義的聖羅莎（Santa Rosa）修道院。一名修女看粗粒小麥粉快壞了很傷腦筋，於是拌入果乾和砂糖，包進派皮裡烤。她無心插柳的食譜獲得極為美味的好評，可惜千層貝殼酥的製作有好長一段時間都只限於修道院內部。1818 年，拿坡里的糕點師帕斯夸爾‧皮特羅（Pasquale Pintauro）因緣際會獲得這份秘密的食譜，將早期做成修士帽的貝殼酥改良成貝殼形狀，成功銷了出去。千層貝殼酥吃起來酥酥脆脆，外觀又優雅美麗，自然而然也擄獲了拿坡里人民的芳心。不過貝殼酥傳入日本之後一直被稱作是羅馬生乳包（P16）熱潮的接班人，想必還是肩負了很大的壓力。

近世（15～17世紀）

🍴 小點心大世界

義大利到 19 世紀才出現正式的甜點店，在 19 世紀之前都是由修道院負責製作並販賣節日、供品點心。

034 / 多拿滋
前身為帶有胡桃的圓形油炸點心

年代 | 17 世紀

多拿滋的定義是很令人頭痛的問題，從名稱來考究是 dough（麵團）和 nut（堅果）的意思。當時的多拿滋指的是「荷蘭油炸麵包」（olykoek），胡桃會放在中央。17 世紀英國的清教徒停留荷蘭時，獲得荷蘭油炸麵包的食譜並傳入美國。現在問題來了，多拿滋中間的洞是從什麼時候出現的？有人認為是 1847 年美國船長葛列格里（Hanson Gregory），他不喜歡堅果因此製作了挖除堅果的多拿滋，他居住的緬因州（Maine）還立了多拿滋發明紀念碑。另一說認為，17 ～ 18 世紀的德裔賓夕法尼亞人[1]已經在吃一種上面有洞的「狂歡節麵包」（fasnacht）。無論如何，正中間的洞是讓多拿滋在油鍋中儘速均勻受熱不可或缺的構造，也是命運性的改良。

（1）為求信仰自由而橫度美國的德裔移民。

🍴 小點心大世界

多拿滋於明治時期傳入日本，1970 年「Dunkin' Donuts」開店（1998 年退出）、1971 年「Mister Donut」進軍後才開始普及。

Doughnut

麵包型多拿滋使用酵母、蛋糕型多拿滋使用泡打粉作為膨脹劑。螺旋形狀的多拿滋則是泡芙麵糊。多拿滋的外型千變萬化，除了常見的環狀之外，也有條狀和麻花辮造型的多拿滋。

Crêpe

可麗餅的麵糊材料為麵粉、雞蛋、牛奶和砂糖（或鹽），
用鐵板將麵糊煎成薄薄的圓餅。常見的可麗餅口味是甜
食，布列塔尼煎餅則是鹹的輕食。

可麗餅

粥糜變為王后喜愛的甜點

年代｜17 世紀

　　過去布列塔尼土壤貧瘠，無法種植小麥，農民只能栽種十字軍傳入的中國產蕎麥，用蕎麥粉、鹽和水煮成粥食用。某次一滴粥湯落在滾燙的石頭上，煎出一片香噴噴的布列塔尼煎餅。時間來到 17 世紀，安娜王后[1]吃了煎餅後非常喜愛，決定將煎餅當作宮廷點心，後來煎餅的蕎麥粉改用麵粉，並加入了牛奶、雞蛋和砂糖，可麗餅就此誕生。如今可麗餅已經非常普及，法國甚至有一個全民可麗餅日[2]。crêpe 是法文的「卷皺」，緣由是餅皮受熱時產生波浪狀縐折的樣子。

（1）Anne d'Autriche，法國國王路易十三世的王妃。
（2）即 2 月 2 日聖蠟節（聖母瑪麗亞行潔淨禮之日）。

近世（15～17世紀）

🍴 小點心大世界

　聖蠟節有個看運勢的習俗，一手拿硬幣，另一手甩鍋，鍋中的可麗餅順利翻面就代表願望會實現。1812 年 2 月 2 日，拿破崙一世做了這個可麗餅算命，結果不理想，當年的莫斯科遠征也以失敗告終。

/ # 巴斯克蛋糕
內餡夾入傳統的黑櫻桃醬

年代｜17 世紀

　　巴斯克橫跨法國與西班牙，擁有自己的語言文化和驕傲。蛋糕上的巴斯克十字（lauburu）格紋，據說象徵的是巴斯克四個都市或太陽。巴斯克蛋糕誕生於 17 世紀的溫泉之鄉康博萊班（Cambo les Bains），起初是一種用玉米粉和豬油做的餅乾，後來為了展現愛鄉之情，他們決定加入當地的特產櫻桃果醬。19 世紀，經營點心店的瑪麗安娜以「gâteau de Cambo」之名，前往其他市鎮販售這款蛋糕，獲得大家的好評，於是人們開始稱之為「巴斯克人的點心」，如今她的後代依然在守護這個味道。

🍴 小點心大世界

> 「Eguzkia」（太陽）是 1994 年成立的團體，旨在保存與推廣巴斯克蛋糕。Eguzkia 還會指定加盟店的材料，並進行蛋糕評鑑。此外，薩雷村（Sare）也成立了一間巴斯克蛋糕博物館。

Gâteau basque

傳統的巴斯克蛋糕選用的是「Cerise Noire」黑櫻桃果醬，
如今也有很多人喜愛卡士達醬的內餡。

037 / 奶餡泡芙
原意為「奶餡夾心的高麗菜」

年代｜17世紀

　　古人看見奶餡泡芙（chou à la crème）圓滾滾的模樣，聯想到的似乎是高麗菜。人見人愛的奶餡泡芙，原文本意為「奶油燉高麗菜」，真是個令人莞爾的名稱。泡芙派皮在16世紀亮相，據說在那個沒有烤箱的年代，泡芙派皮的前身是油炸泡芙（beignets soufflés）。1533年，跟隨凱薩琳・德・麥地奇（P102）前往法國的糕點師潘塔內利學會了以烤箱烤派皮的製作方法。1655年的文獻在說明點心「普佩蘭」（poupelin）時，首次出現「chou」這個詞，由於它出爐之後很圓潤，因此以這個帶有乳房之意的詞彙命名。另一方面，卡士達醬也是在17世紀誕生，不過泡芙派皮的完成體遠在一百多年後的1760年，是讓・阿維斯（Jean Avice，P133）的功勞。

🍴 小點心大世界

> 將奶餡泡芙引進日本的推手，是幕末時期來日本橫濱開西點店的法國人山謬爾・皮耶（Samuel Pierre）。到了19世紀後半，則是米津風月堂和開進堂在投入製作。

98

義式脆餅
硬到咬不動的堅硬脆餅

年代｜ 17 世紀

　　義式脆餅（Cantucci ／ Biscotti di Prato）的愛好者務
必要留意牙口健康，畢竟咬斷脆餅的聲音之響亮，甚至
被譬喻為一首小曲子（cantucci）。香氣十足的義式脆餅
材料為麵粉、雞蛋、砂糖和杏仁，發源自義大利中部的
普拉托（Prato），又名 biscotti di Prato，義式脆餅的製作
到 17 世紀便已經相當普遍。這款樸實無華的簡單點心，
在 1867 年的巴黎萬國博覽會上打響名聲。普拉托的糕
點師安東尼・馬締（Antonio Mattei）公開自創的脆餅食
譜，轉眼間就讓義式脆餅躋身當紅點心的行列之中。這
份食譜至今依然如舊，馬締的店面也仍存在於普拉托的
精華地帶。

🍴 小點心大世界

杏仁是製作義式脆餅的必備品，原產自西亞，為薔薇科落葉
喬木。杏仁有苦甜兩種，甜杏仁可食用，苦杏仁可當作香料
使用。1868 年（明治初年），杏仁傳入日本，但是由於氣候
不適合，栽種並不成功。

039 / 咕咕霍夫蛋糕
瑪麗‧安東妮心心念念的早餐

年代｜17 世紀

　　咕 咕 霍 夫 蛋 糕 有 很 多 別 名， 例 如 kouglof、
kugelhopf、puffer……由此可見它廣受人愛戴的程度。咕
咕霍夫蛋糕誕生於 17 世紀，是法國阿爾薩斯的發酵點
心，奧地利、德國和波蘭也都會製作。維也納出生的瑪
麗‧安東妮（P104）也是知名的咕咕霍夫愛好者，相傳
咕咕霍夫是凡爾賽宮的常備早餐。巴黎街頭的接受度又
是如何呢？據皮耶‧拉岡（Pierre Lacam）的著作《甜點
史地備忘錄》（*Le Mémorial Historique et Géographique
de la Pâtisserie*）所言，1840 年阿爾薩斯的糕點師喬治
一推出咕咕霍夫就大獲好評，一天可以銷出幾百顆。阿
爾薩斯這個地區在歷史上常常受到戰爭所波及，用當地
的啤酒酵母和陶器模具烤出的咕咕霍夫又名「cigogne
（鸛）」，象徵著人們的愛。

🍴 小點心大世界

東方三賢士來到阿爾薩斯的里博維萊村（Ribeauville）時，
借宿辜傑爾（Kugel）這位陶器師傅的家。傳說中三賢士為了
答謝他，便以他燒製的陶器烤點心，於是這款點心就被稱為
kouglof。

傳統的咕咕霍夫蛋糕使用馬拉加（Málaga）產的葡萄乾，並
在頂上以完整的杏仁粒作裝飾烘烤。蛋糕出爐後撒上滿滿的
糖粉。五彩繽紛的咕咕霍夫模具也成為阿爾薩斯的名產。

～ 名人索引 ～

凱薩琳・德・麥地奇（1519 ～ 1589）
Catherine de Médicis

　　法國國王亨利二世的妻子，1533 年從義大利的麥地奇家族嫁入法國，生下了 10 個孩子，是三任國王（法蘭索瓦二世、查理九世、亨利三世）與兩任王后之母。夫君離世後，凱薩琳握有攝政大權，後來主導聖巴多羅買大屠殺，在世人心中留下毒婦的形象。不過，她的娘家是文藝復興重鎮佛羅倫斯的富裕人家，她同時也為法國帶來了不可勝數的禮物。凱薩琳從義大利帶來的廚師將冰品（P192）和馬卡龍（P68）等點心傳入法國，香水、陽傘與蕾絲等單品也讓法國的貴婦時尚更趨精緻。除此之外，當時連法國貴族都不以叉子用餐，在這場聯姻之後，優雅的用餐禮儀就此形成。熱愛美術、戲劇、文學和建築等藝術的凱薩琳，對當代的法國文化發展貢獻良多。

史坦尼斯拉斯·萊什琴斯卡（1677～1766）
Stanislas Leszczyński

史坦尼斯拉斯在瑪德蓮（P113）和巴巴（P116）的誕生故事中也占有一席之地，他是個知名的美食家，人生卻波折不斷。他1704年當上波蘭王，1709年卻被趕下王位[1]。儘管他在女兒瑪麗[2]1725年與法國的路易十五成婚後，獲得法國的支持，但是經過波蘭王位繼承戰之後，又變成管理洛林公國的領主。在翁婿關係方面，由於路易十五一心向著情婦龐巴度夫人，身為父親的史坦尼斯拉斯心疼女兒，將許多料理和點心的食譜都傳授給她。雖然原本的目的不在此，不過瑪麗王后在沙龍上提供的點心廣受好評。

（1）歐洲與俄羅斯等列強一直涉入波蘭政務，有時甚至是從外國王室選出波蘭國王。

（2）瑪麗·萊什琴斯卡（Marie Leszczyńska，1703～1768），22歲嫁去法國，育有兩男八女。為她製作的「皇后一口酥（bouchée à la reine，P108）」如今依然深受法國人愛戴。

瑪麗・安東妮（1755 ～ 1793）
Marie Antoinette

安東妮的母親，是奧地利哈普斯堡家族（Habsburg）的女王瑪麗亞・特蕾莎（Maria Theresa）。1770 年，14 歲的安東妮與波旁王朝的王太子（後來的法國國王路易十六）政治聯姻，1774 年登基為后。她過著不愁吃穿的宮廷生活，又因揮金如土而有「赤字夫人」之稱，因詐欺事件「鑽石項鍊事件」背上黑鍋，受到國民抨擊。1789 年，安東妮反對法國大革命，企圖流亡海外卻落空，1793 年被以謀逆罪之名處刑。儘管安東妮晚景淒涼，但是她姿態優美、個性天真爛漫，而且是點心的愛好者。其中最有名的就是咕咕霍夫蛋糕（P100），在她無憂無慮的年幼時期曾在故國品嚐過，且非常喜愛。相傳她早餐會喝巧克力，而且不能沒有乳製品和水果，甚至還會喝營養豐富的驢奶。據說在巴黎古監獄要被處刑的那天早上，安東妮只吃了一點點的清湯。

安托南‧卡漢姆（1784～1833）

Antonin Caréme（Marie-Antoine Carême）

　　法國料理的革新者，有「廚中之王、王者之廚」之稱，是 19 世紀的天才廚師、甜點師。他生於巴黎的窮苦人家，10 歲成為孤兒，被便宜餐館的老闆收留，但是天賦異秉的他一路往上爬到了一流廚師的地位。他在巴黎名店「拜伊（Bailly）」當學徒時跑圖書館自學雕刻和建築學，後來也善用這些知識，製作許多傑出的甜點裝置藝術（pièce montée）。據說卡漢姆不只研發食譜也研發相關用具，最初開始戴廚師高帽的可能也是他。他的成就斐然，先是擔任拿破崙的外交官塔列朗的廚師，後來也侍奉過英國皇太子、俄羅斯、奧地利的皇帝和歐洲數一數二的富豪羅斯柴爾德家族（Rothschild）。儘管卡漢姆是享譽世界的名廚，但是相傳他本人體型消瘦、食量小，而且極度厭惡船上旅行。他的著作繁多，包括《巴黎皇家糕點師》（*Patissier royal parisien*，1815）、《法國餐廳經理》（*Maître d'hôtel français*，1822）等。

「國王與可可是我的兩大熱情來源。」

路易十四之妻瑪麗亞 · 泰蕾莎（Maria-Theresa）王后

近代（18～19世紀）

040 / 蛋白霜
兩種材料配出千變萬化的用途

年代 | 1720 年左右

　　只要有蛋白和砂糖就能讓麵糊蓬鬆，要做蛋糕的基底或裝飾也易如反掌，烤過之後還自成一道美味的點心——這就是蛋白霜。蛋白霜的功業彪炳，包括戚風蛋糕、棉花糖、馬卡龍、舒芙蕾等都有它的份，既有當主角的本事，又能當稱職的配角。不過關於萬能蛋白霜的起源也有很多種說法。一般熟悉的說法是 1720 年，一名居住瑞士邁林根（Meiringen）的義大利糕點師加斯帕利尼，研發出蛋白霜。後來路易十五之妻瑪麗·萊什琴斯卡王后吃過之後，將蛋白霜推廣了出去。除了在奶油中加入蛋黃，創造出既溫和又濃郁的滋味之外，糕點師又為蛋白找出了無限的可能，確實值得喝采。

🍴 小點心大世界

> 瑪麗王后之父是洛林公爵萊什琴斯卡（P103），他為女兒研發出法式酥盒（vol-au-vent，在大型派皮中填入醬料的料理）。他原本希望法式酥盒能將路易十五從情婦身邊喚回，可惜無法如願以償，後來又命人製作皇后一口酥，讓悲傷的女王可以獨自食用。

Meringue

蛋白霜是將蛋白和砂糖打至硬性發泡的狀態，或者打發後烘烤而成的點心。可以拌入奶油或麵團，也可以裝飾使用。
依照製作方式可分為法式蛋白霜、瑞士蛋白霜和義式蛋白霜。

041 / 愛之井
世人議論紛紛的愛之名

年代 | 1735 年

　　「愛之井」這個名稱是一種愛的浪漫表現，或是
另有所指？無論如何，引人遐想的部分似乎也凝聚買
氣，讓愛之井有亮眼的銷量。愛之井的原始食譜出現在
1735 年文森・拉・夏佩爾（Vincent La Chapelle）的著作
《現代廚師》（le cuisinier moderne）之中，當時是在派
皮的基座中填入紅醋栗果醬，算是一道簡樸的點心。後
來史多荷（Stohrer，P116）、科克蘭（Coqullin）、布爾
達盧（Bourdaloue）等三位偉大的甜點師齊聚一堂，將
果醬換成卡士達醬並烤出漂亮的色澤，形成現在的愛之
井。至於愛之井這個名稱是怎麼來的？據說是源自 1843
年巴黎的喜歌劇院上演的同名歌劇《愛之井》。

　　小點心大世界

文森・拉・夏佩爾（1690 或 1703 ～ 1745）是 18 世紀的法國
廚師，曾擔任海上航行的船廚，後來任職於英國和荷蘭。他
的思想彈性又開放，樂於採納不同的文化，為法國料理奠定
了基礎。

Pueits d'amour

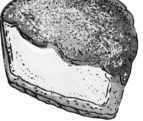

在派皮的基座中填入卡士達醬，表面撒上砂糖烤至焦糖化。也有人認為「愛之井」是存在於18世紀巴黎大道Grande-Truanderie的井名。

葡式蛋塔
葡萄牙的國民點心

年代 | 1739 年

　　葡式蛋塔原文是「pastel de nata」，18 世紀初誕生於修道院，在葡萄牙被稱為「nata」，擁有全民等級的支持度。1739 年，里斯本西部的貝倫區（Belém）有一間傑羅尼莫斯修道院（Mosteiro dos Jerónimos），修道院有一名糕點師曼努埃爾·達·席爾瓦（Manuel da Silva），據說他賣的葡式蛋塔是人間美味。修道院的糕點，原本的用途是招待前來祭祀的王宮貴族，但是後來國家大幅縮編修道院的收入，藉此告誡過於揮霍的修士，他們為了維生只好開始賣點心。儘管初始是迫於生計，傑羅尼莫斯修道院的葡式蛋塔還是大獲好評，1837 年，點心店「pastel de Belém」開業。所謂的否極泰來或許就是這麼一回事，離開修道院之後，葡式蛋塔的味道與食譜依然為人們所傳承下來，讓它成為人見人愛的點心。

🍴 小點心大世界

　　1999 年，葡屬澳門回歸中國，使澳門成為當時眾所矚目的焦點，當地的暢銷糕點葡式蛋塔也在日本颳起旋風。

043 瑪德蓮
奶油香四溢的貝殼狀糕點

年代 | 1755 年

　　1755 年，法國洛林的領主萊什琴斯卡（P103）在科梅爾西城堡舉辦晚宴，晚宴中發生了一件事。廚房爆發了爭吵，甜點師竟然丟下工作出了城。正當領主進退維谷的時候，救命的女神出現了。年輕的仕女瑪德蓮・波米耶（Madeleine Paulmier）當下做出了祖母傳授她的點心端上桌，而且她的點心獲得滿場讚賞。逢凶化吉的萊什琴斯卡讚賞這位仕女，並將點心命名為「瑪德蓮」。這是眾多身世版本的其中一種，總之後來的事大家都知道了，瑪德蓮成了科梅爾西，不，是全世界的明星。20世紀的偉大作家馬塞爾・普魯斯特（Marcel Proust）在小說《追憶似水年華》（À la recherche du temps perdu）開頭寫到的點心，正是瑪德蓮。

🍴 小點心大世界

當時科梅爾西的工廠開始製造瑪德蓮之後，每年製造的數量是兩萬個。19 世紀中葉，巴黎 - 史特拉斯堡（Strasbourg）之間的鐵道開通後，瑪德蓮的名氣更加高漲，年產量暴增到 240萬個。

Charlotte

夏洛特冷蛋糕是將手指餅乾排列在專用模具裡，並填入巴伐利亞奶餡（crème bavaroise，P122）或慕斯製作而成。此外還有溫蛋糕的版本，據說光是夏洛特蛋糕，卡漢姆就研發出幾十種。

夏洛特蛋糕
把華美的帽子做成蛋糕

年代 │ 18 世紀末

　　安托南‧卡漢姆（P105）設計過許多點心，夏洛特蛋糕是個中傑作。夏洛特蛋糕的前身是 18 世紀末，獻給英國宮廷喬治三世之妻夏洛特王后的糕點。早期的版本是將吐司或布里歐麵包排在模具中，填入糖煮水果後烘烤，卡漢姆則研發出用手指餅乾、慕斯和巴伐利亞奶餡製成的冷蛋糕。1815 年，俄羅斯皇帝的宴席上也出現了一道點心「俄羅斯夏洛特（charlotte à la russe）」。不同的內餡變化出夏洛特蛋糕的大千世界，種類繁多又華麗的蛋糕就此誕生。「夏洛特」原本是指當時貴婦喜歡戴的一種壓褶帽緣的帽子，相傳蛋糕也是仿帽子的外型而得名。

近代（18～19世紀）

🍴 小點心大世界

> 手指餅乾的法文是「biscuit à la cuillère」，cuillère 意為湯匙。
> 在沒有擠花袋的時代，廚師要用湯匙把麵糊挖到烤盤上。

巴巴
巴黎最古老點心店的招牌商品

年代 | 18 世紀

　　廚師薛佛立歐傷腦筋了，要怎麼樣才能讓牙痛的主人，吃下他最愛的咕咕霍夫蛋糕（P100）……「對了，可以用酒軟化蛋糕！」巴巴就是這樣做出來的。薛佛立歐的主人洛林公爵萊什琴斯卡（P103）是老饕，另一說認為萊什琴斯卡自己就是研發者，但無論如何，巴巴的創作精神肯定就是「咕咕霍夫蛋糕的新吃法」，後來巴巴也成為法國的知名糕點。咕咕霍夫換了烤模又泡進蘭姆酒糖漿，搖身一變，讓主人讚不絕口。據說巴巴是以萊什琴斯卡的愛書《一千零一夜》主角阿里巴巴命名。1725 年，萊什琴斯卡之女瑪麗嫁給路易十五，同行的糕點師史多荷來到凡爾賽宮之後，依然製作巴巴滿足王后的味蕾。

🍴 小點心大世界

1730 年，尼可拉・史多荷（Nicolas Stohrer）在巴黎開設「Stohrer」，他們的招牌商品是「阿里巴巴」，不再採用毛刷塗糖漿的做法，而是改成事先將麵團浸泡在糖漿裡。這是巴黎現存最古老的點心店。

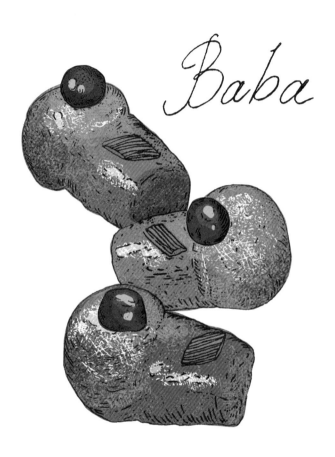

$Baba$

蛋糕最完美的狀態，是在充分吸足糖漿液體之後，手一抓依然能恢復原形。據說義大利的拿坡里自古就會用大型的多拿滋模具烤巴巴，並以奶油裝飾，並佐以沙巴雍醬（P44）。

Gâteau manqué

瑪格洛娜・圖桑撒瑪（Maguelonne Toussaint-Samat）在《甜
點的歷史》（*La Très Belle et Très Exquise Histoire des gâteaux
et des friandises*）介紹蒙可圓蛋糕時寫到「有檸檬翻糖糖霜覆
蓋，非常美味」。蒙可模具的特色是「上下面積不相等，側面
看起來是梯形」（日本洋菓子協會聯盟）。

/ # 蒙可圓蛋糕
「瑕疵品」變身代表性的模具

年代｜1807 年

　　「這個點心是瑕疵品！」（Le gâteau est manqué）在巴黎的某間廚房中，糕點師菲力克斯（Félix）放聲大喊。菲力克斯店裡的新人製作薩瓦蛋糕（P42）打發蛋白的時候，不小心打發失敗了。麵糊不可以浪費……這下該怎麼辦？菲力克斯在麵糊中加入液化奶油和蘭姆酒，倒進有深度的模具裡烤，表層凹凸不平的地方就用果仁糖蓋住。沒想到這個救場的蛋糕大獲好評，鹹魚大翻身成為暢銷點心蒙可圓蛋糕，菲力克斯也順帶研發了這款蛋糕專用的新模具「moule à manqué」。可惜的是後來熱潮退去，如今講到「manqué」，絕大多數的人只知模具而不知蛋糕。

近代（18～19世紀）

🍴 小點心大世界

菲力克斯是 19 世紀的知名糕點師。安托南·卡漢姆（P105）年輕時曾在「拜伊」當學徒，老闆西爾萬·拜伊（Sylvain Bailly）退休後，將經營權轉讓給菲力克斯。

泡芙塔
小泡芙堆成的甜點裝置藝術

年代｜1814 年

　　19 世紀以後，泡芙塔便是法國的婚禮或洗禮儀式中，不可或缺的甜點裝置藝術之一。泡芙塔是把小泡芙堆成圓錐體，再以華麗的裝飾作點綴。一般認為發明者是安托南・卡漢姆（P105），而記載泡芙塔的首篇文獻是 1814 年，博維利耶（Antoine Beauvilliers）的著作《廚師的藝術》（*L'Art du Cuisinier*）。當年使用的是糖漬水果，20 世紀以後才開始使用奶餡泡芙。chou 是法文「高麗菜」的意思，歐美傳說嬰兒生於高麗菜田，因此泡芙塔具有祈求多子多孫的意義。泡芙越多代表祝福越豐厚，若能盡量堆高堆到與天同高，代表能得到更多幸福。

🍴 小點心大世界

安托南・博維利耶（Antoine Beauvilliers，1754 ～ 1817）是廚師和餐廳老闆。1782 年開業的「La Grande Taverne de Londres」，是巴黎第一間正式的高級餐廳。

Croquembouche

Croquembouche 本意為「口感酥脆之物」，是知名的婚禮蛋糕。儀式進行完之後，會分送給在座來賓與所有人分享喜悅。

/ **巴伐利亞奶凍**
來自德國拜仁的冰品

年代 | 1815 年

　　巴伐利亞奶凍介於布丁和果凍之間，既新潮又懷舊，是款令人驚奇的點心。巴伐利亞的前身是德國拜仁（Bayern）一種叫「bavarois」的熱飲。Bavarois 混合了蛋黃、紅茶、牛奶、砂糖、蘭姆酒和蕨類糖漿等，有一說認為可以舒緩呼吸道疾病。另一方面，拜仁富裕人家的法國廚師做出一款蛋糕「fromage bavarois」[1]，也有人認為這是巴伐利亞的雛形。安托南・卡漢姆（P105）1815 年的著作《巴黎皇家糕點師》收錄許多「fromage bavarois」之名的食譜。無論如何，現代的巴伐利亞是用吉利丁凝固而成，這個版本的出現，大概又得歸功於卡漢姆了。

（1）不使用起司，但外型與起司相似。

🍴 小點心大世界

19 世紀的巴伐利亞使用的砂糖是現代的三倍、吉利丁是兩倍。砂糖用得毫不手軟，吉利丁也比較多，可見是款奢侈、高糖又偏固體的點心。

/ # 糖漬栗子
耗時慢熬的糖漬栗子

年代｜19 世紀初

　　看到糖漬栗子被銀箔紙小心翼翼包起來，就能想像它的身價多高。尊貴不凡的糖漬栗子生於 19 世紀法國的阿爾代什（Ardèche），同樣是經過安托南・卡漢姆（P105）所研發，可說是擁有鍍過金的身世。然而栗子是法國窮人的食物，早期並沒有受到什麼關注，轉機發生在 1882 年。阿爾代什是絹織品的產地，時逢化學纖維的普及，當地人陷入了失業的危機，克萊門栗子公司（Clément Faugier）決定趁這個關頭在當地大量生產糖漬栗子。他們發想出將一顆顆大栗子包進銀箔紙銷售的形式，進軍全世界的市場，並且大獲成功。克萊門栗子用在地的名產化危機為轉機，拯救了地方的經濟。

近代（18～19世紀）

🍴 小點心大世界

克萊門栗子公司 1885 年研發的栗子醬，是用製作糖漬栗子的剩餘部分製作。後來誕生的蒙布朗，也是使用這款栗子醬。

/ 薩赫蛋糕
折服世人的巧克力蛋糕之王

年代 | 1832 年

　　奧地利皇帝法蘭茲・約瑟夫（Franz Josef）的皇后伊莉莎白是位身姿曼妙的美女，她畢生為了維持 50 公分的腰圍努力節食，但是薩赫蛋糕讓她破功了。偉大領導者梅特涅（Metternich）首相的廚師法蘭茲・薩赫（Franz Sacher），在 1832 年研發出這款點心。傾注心力在外交上的梅特涅，指派薩赫研發一款用來招待每日貴客的甜點，某一次，陷入苦惱的他將手邊的所有材料拌在一起，烤出了巧克力蛋糕，結果大獲好評。據說後來全歐洲的饕客為了它來到維也納，伊莉莎白大概也品嚐過那誘人的滋味。她付款購買薩赫蛋糕的收據，至今仍保存在王宮裡。

🍴 小點心大世界

薩赫家在法蘭茲・薩赫過世後創立了「薩赫飯店」，薩赫家與王室御用的維也納點心店「德梅爾（Demel）」曾為了薩赫蛋糕進行權利爭奪訴訟。這場紛爭後來被稱為「甜點的七年戰爭」。

Sachertorte

薩赫蛋糕的關鍵，在於巧克力海綿蛋糕與杏桃果醬的搭
配。「薩赫飯店」的薩赫蛋糕是將蛋糕體橫切為二，中間
夾果醬，再佐以大量的無糖打發鮮奶油享用。

Saint-Honoré

在派皮的基底上將焦糖小泡芙排成一圈，擠上希布斯特奶
餡（crème chiboust）。若是堆幾個小泡芙、擠上奶餡，
也可以做成一人份的點心。

051

/ # 聖多諾黑
命名緣由是麵包、糕點師的守護聖者

年代 │ 1840 年代

　　「聖多諾黑」[1]是麵包和糕點師們推崇的聖者，相傳聖多諾黑就是要獻給這位同名聖者的甜點。這是款泡芙、派皮和奶油三個願望一次滿足的點心，早期以布里歐麵包（P66）製作，不過可想而知，麵包體很容易放了一段時間就因奶油的水分而變得濕軟……為此經歷了一段改良的實驗期間，但是這款不完美的點心在這段期間內依然持續在銷售。做出聖多諾黑的完成體並讓它名留後世的功臣，是巴黎聖多諾黑路的甜點店「希布斯特（Chiboust）」的糕點師奧古斯特・朱利安（Auguste Julien）。聖多諾黑的研發時間眾說紛紜，有人認為是1840 年代，搭配上老闆希布斯特研發出的希布斯特奶餡，才有了最後的完成體。

（1）麵包的守護神，660 年左右時亞眠的主教。一般認為聖多諾黑在望彌撒的時候，曾得到神賜予的麵包。

> 🍴 小點心大世界
>
> 希布斯特奶餡是將卡士達醬加入吉利丁和義式蛋白霜製作而成，「Chiboust」就是以這款奶餡為主角的點心，通常使用派皮或塔皮搭配煮過的蘋果，並讓奶餡表面焦糖化。

Savarin

薩瓦蘭蛋糕和巴巴的主要差異在於形狀與奶餡的有無，薩
瓦蘭蛋糕是中央凹陷的王冠形，凹陷處填入奶餡。除此之
外，薩瓦蘭的麵團不會加入葡萄乾，而是加糖漬橙皮。

052

/ 薩瓦蘭蛋糕
美食家冠名的巴巴雙胞

年代｜1845 年

　　「告訴我你都吃些什麼，我來猜你是個怎麼樣的人。」布里亞 - 薩瓦蘭（Brillat-Savarin）如是說。1826年，美食家布里亞 - 薩瓦蘭留下這句名言後離開人世，法國的廚師們失魂落魄，並爭先恐後開始製作各種向他致敬的料理，曾在「希布斯特」研發聖多諾黑（P126）的奧古斯特・朱利安也是其中一人。朱利安兄弟一同經營巴黎首屈一指的點心店，1845 年，他們改良巴巴（P116）的食譜填入奶餡，並將這款點心命名為「布里亞 - 薩瓦蘭」，點心一推出馬上成為明星商品。先別急著說薩瓦蘭蛋糕只是巴巴的改良版，在眾多致敬美食家的料理中，如今依然受到熱烈支持的就只有朱利安的薩瓦蘭蛋糕了。

近代（18～19世紀）

🍴 小點心大世界

布里亞 - 薩瓦蘭（1755～1826）是法國的法律人、美食家，對全球的美食學界帶來許多重大影響。他 1825 年出版《美味的饗宴：法國美食家談吃》（*Physiologie du Gout*），此書被稱為法國料理的法典。

053 / 蝴蝶酥
是棕櫚葉、愛心還是豬耳朵？

年代 | 1848 年

　　可愛的心型點心蝴蝶酥原文是「palmier」，其實是因為貌似棕櫚科植物的葉子而得名，不過令人震驚的是，德國的名稱是「schweinsohren（豬耳朵）」！豬在德國是好運的象徵，因此是個比較親暱的叫法。另外傳聞是 1870 年發生普法戰爭（德法戰爭），普魯士王國稱呼敵國的點心為「普魯士王國的豬耳朵」，不過蝴蝶酥的出生年代並不明確。有一說認為是 1848 年或 1931 年，創作起源為巴黎舉辦的國際殖民展覽會。日本的零食公司去歐洲參訪的時候認識了蝴蝶酥，1965 年以蝴蝶酥為本推出「源氏派」。據說當時日本對於派類西點的認識度低，希望取個日本名，於是參考大河歷史劇《源義經》，命名為源氏派。

🍴 小點心大世界

三立製菓公司推出源氏派後，在派皮中加入葡萄乾，2012 年推出「平家派」。「平家派」的誕生可能是為了回應當時消費者洽詢「有平家派嗎」，也可能是為了搭上 NHK 大河歷史劇《平清盛》的順風車，決定在 2012 年發售。

Palmier / Schweinsohren

蝴蝶酥別名法國之心（coeur de France），世界各地的名稱和大小都不同。南美是「palmeritas」，約莫與人臉一樣大。

Éclair

閃電泡芙是將又細又長的泡芙麵糊烘烤後填入奶餡，表面淋上翻糖糖霜或巧克力。奶餡的口味與大小可以有無窮無盡的變化，種類豐富。

閃電泡芙

巴黎人最愛的可愛泡芙

年代 | 1850 年

　　身著光鮮亮麗外衣的閃電泡芙，發源自法國里昂（Lyon）。一般認為閃電泡芙的前身是天才糕點師安托南・卡漢姆（P105）製作的「女爵麵包」（duchesse）[1]，但發明者是誰並沒有定論。順帶一提，卡漢姆擠麵糊時，是從天花板上懸掛澆花器讓麵糊流出，後來才發明了擠出細長麵糊的擠花袋[2]。品嚐這款法國國民點心的時候，可以大喇喇用手抓。éclair 有「閃電」和「雷」的意思，正確的吃法如其名，要以迅雷不及掩耳的速度完食，才能避免奶餡噴出。

（1）女爵麵包是在杏仁碎中將麵糊塑形為條狀，進烤箱烤完後淋上翻糖糖霜或焦糖。

（2）1847 年，奧布里歐（Aubriot）發明金屬嘴的擠花袋。

近代（18～19世紀）

🍴 小點心大世界

1760 年，讓泡芙麵糊走完現代化之路的是點心名店「拜伊」的甜點主廚讓・阿維斯，當時 17 歲的卡漢姆也在店裡當學徒。據說是師徒攜手完成了閃電泡芙。

055 / 布爾達盧洋梨塔
布爾達盧街的暢銷洋梨塔

年代｜1850 年

　　布爾達盧洋梨塔在 19 世紀中葉的巴黎蔚為流行，它在布爾達盧街上的點心店販售，用杏仁奶餡與洋梨製作而成，1850 年，由糕點師法斯坎所研發。布爾達盧的命名緣由是一段有趣的小故事。17 世紀的主教路易·布爾達盧（Louis Bourdaloue）是個知名的傳教士，他佈道時間之長是眾所皆知的。教會位於布爾達盧路附近，有些信徒無法耐著性子聽完他的喋喋不休，甚至會從彌撒中溜出來。法斯坎當時心想，如果附近有人賣點心，就可以讓信徒們喘口氣了，最後他研發出了這款布爾達盧洋梨塔。洋梨塔的誕生，是人們對於主教漫長佈道的敬意，據說早期的洋梨塔最上層，是用馬卡龍碎排出來的十字架圖案。

🍴 小點心大世界

> 洋梨是從古希臘時代開始栽種的果樹，明治時期傳入日本，不過由於日本缺乏栽種的知識，因此只在山形縣和部分的縣市普及。當時的洋梨大多是用來做加工食品，1970 年代後才開始有生食相關的正式制度。

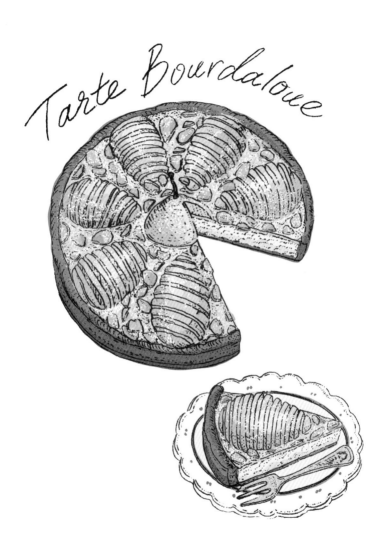

Tarte Bourdaloue

布爾達盧洋梨塔是在麵團中拌入杏仁奶餡，鋪上洋梨後烘烤完成。有洋梨塔開先例之後，出現了各式各樣加入杏仁奶餡的水果塔。

Sablé

滋味豐富的沙布列酥餅
使用 1：1 的奶油與麵
粉，奶油比例高於一般
餅乾（餅乾是 1：2）。
可以塗果醬或做成果醬
夾心，自行改良出更多
樂趣。

056

沙布列酥餅

奶油香醉人的小巧烘焙點心

年代 | 1852 年

　　沙布列酥餅的口感酥酥脆脆，在口中如沙（即法文的 sablé）一般化開，它誕生於 1852 年，地點是興盛酪農的諾曼第小鎮利雪（Lisieux）。這個方便取得奶油的環境，是個最適合奶油酥餅誕生的地點。轉眼之間，諾曼第各地都開始製作沙布列酥餅，旅法的糕點師皮耶‧拉岡也在著作中介紹它。另有一說，認為酥餅誕生於「沙龍」，沙龍是 17 ～ 18 世紀上流社會貴婦流行在宴客廳舉辦的活動。亨利四世的王后瑪麗‧德‧麥地奇（Marie de Médicis）有一名侍女叫沙布列侯爵夫人（marquise de Sablé），她在沙龍以小巧的烘焙點心招待來客，據說這就是沙布列酥餅的前身。無論如何，高雅的聊天活動最適合配上香氣十足的沙布列酥餅，它是使用大量奶油製作而成的奢侈品。

🍴 小點心大世界

> 豐島屋的「鴿子酥餅」是鎌倉的知名糕點，1897 年（明治 30 年）左右，外國客人來店裡贈送初代老闆一款點心，這款點心激發老闆研發鴿子酥餅的靈感。鴿子酥餅當年銷路並不理想，進入大正時代，經過小兒科醫生推薦說「適合當離乳期的幼兒食品」，此後打開了它的知名度。

近代（18 ～ 19 世紀）

Religieuse

修女泡芙的奶餡和糖衣使用的是同系統的風味,除了一人
吃的精巧款,還有以長條或圓形泡芙堆疊出的大型修女泡
芙,名為 grande religieuse。

057

/ # 修女泡芙
疊成修女模樣的雙層泡芙

年代 | 1851～1856 年左右

　　將一大一小的泡芙疊在一起，交疊處塗上奶油霜，做出衣領造型的裝飾。把泡芙胖嘟嘟的模樣與修女做聯想的創作者，眼光真的值得讚賞。糕點師、冰淇淋師傅弗拉斯卡蒂在巴黎研發出這款討喜可愛的點心，研發時間可能是 1851～1856 年左右。當時的泡芙內餡是濃郁的卡士達醬，再以打發鮮奶油作裝飾，後來又以奶油霜做出衣領造型，讓修女的形象變得更加鮮明。皮耶・拉岡曾在書中描述修女泡芙在當時有多討喜：「修女泡芙誕生半世紀後買氣依然存在……」時至今日，修女泡芙時不時會換上不同糖衣或裝飾，以嶄新的面貌持續帶動買氣。

近代（18～19世紀）

🍴 小點心大世界

1866～1871 年，皮耶・拉岡在法國的老字號點心店「拉杜蕾」擔任甜點主廚。拉杜蕾會因應不同時期，推出櫻花、栗子、舞妓、月兔等等不同口味與造型的修女泡芙。

058 司康
人見人愛的蘇格蘭點心

年代 | 19 世紀中葉

　　美味司康烘烤後產生的裂痕叫作「狼口」，傳統吃法是用手將狼口掰成兩半再吃，不建議用刀子橫剖或縱切。為什麼有這樣的傳統？因為「司康」的由來是名為「命運之石」（The stone of Scone）的聖石。蘇格蘭國王加冕椅的基座，用的是古埃及圖坦卡門王王座下的聖石，但是 1296 年蘇格蘭獨立戰爭爆發之後，聖石被帶去英格蘭。聖石終於在 1996 年回歸，如今保留在愛丁堡城堡……司康背後有這樣一段撼動國本的軼事，它在英國也受到高度的喜愛。不過要等到泡打粉和烤箱普及的 19 世紀中葉，現代司康的完成體才算大功告成。

小點心大世界

1950 年，蘇格蘭和格拉斯哥的四名學生從英格蘭偷出了「命運之石」，相傳他們因為聖石太重而意外將聖石摔成兩半。聖石有 66×41×28 公分，重 152 公斤。

Scone

英國的茶館品項「奶油下午茶」（cream tea），指的是司康與紅茶的套餐。附餐的凝脂奶油，乳脂肪約 60%，熱量其實比奶油更低。

如何「好好吃」一頓下午茶？

下午茶起源與必學的餐桌禮儀

● 下午茶起源

1840 年代，英國的貝德福德公爵夫人安娜·瑪麗亞
（Anna Maria, Duchess of Bedford）首創了下午舉辦的茶
會。當時的貴族一天兩餐，只有較晚的早餐與晚上八點
以後的晚餐。為了填飽中間的空腹時間，他們會讓女僕
準備茶水、麵包或點心，接著不知不覺漸漸轉為招待朋
友們的社交場域。

● 餐桌禮儀

1 餐巾折兩折放在大腿上，開口朝外。不能使用自己的手帕，因為歐美沒有「手帕＝清潔」的概念。

2 茶杯用右手拿，雙指夾住握把即可，不要整隻手握住。

3 只取用自己的茶點到碟子裡，用左手享用。吃的順序是三明治、司康和甜食（pastry），前後順序不能顛倒。吃司康要剖開後塗果醬和奶油再吃，直接吃不剖開，或者塗醬夾著吃都不符禮儀。

4 用餐速度要配合在座的其他成員。

5 正式而言不能將所有茶點一掃而空。在 19 世紀的英國，「準備多到客人吃不完的點心」是茶會的潛規則。

6 用完餐後，刀叉放碟子上，朝六點鐘方向（法式為三點鐘）擺，餐巾輕輕疊好放桌上。

小黃瓜三明治

> 小黃瓜三明治是英式下午茶不可缺席的要角。小黃瓜是珍貴的夏季作物，而且要價不斐，因此被認為是最好的款待。

059 / 貴婦之吻
雙唇與巧克力夾心

年代｜19 世紀中葉

　　貴婦之吻生於義大利皮埃蒙特大區的托爾托納（Tortona），圓滾滾的模樣相當可愛，兩片小脆餅貼合如同雙唇的親吻，因此取名為「貴婦之吻」。這個命名已經透露出它受人喜愛的潛力。關於貴婦之吻的發明者眾說紛紜，一般認為是 1890 年的查諾蒂（Zanotti）兄弟。有一個複雜的問題來了，查諾蒂兄弟分別在不同點心店工作，因此兩店爆發出「誰才是正宗」的血統之爭。好在其中一間店發明出可可麵糊的新品「baci dorati」，紛爭才就此落幕。時至今日，貴婦之吻已是義大利家喻戶曉的點心。

小點心大世界

除了上述的說法之外，有人認為貴婦之吻的研發者是薩瓦家（P44）的廚師，也有人認為後來的義大利王國第一任國王維多・艾曼紐二世（Vittorio Emanuele II，1820 ～ 1878）喜歡貴婦之吻，因此打響它在全歐洲的名聲。

Baci di dama

貴婦之吻是在半球形的小脆餅之間，夾進巧克力餡。內餡
口味變化豐富，除了榛果之外，有的使用杏仁，有的不用
巧克力而是用杏桃果醬。

moka

用咖啡口味的奶油霜和海綿蛋糕體製作的蛋糕，與摩卡同時期出現的點心是咖啡口味的「瑪拉克夫」（malakoff），一種咖啡夾心的達克瓦茲（P178）。

146

060 / 摩卡蛋糕
命名緣由是阿拉伯半島的港口城市

年代 | 1857 年

　　摩卡蛋糕的奶油霜復古又甜美，而且不管誰見到這種咖啡色，都會沉浸在往日情懷之中。奶油霜的研發者是法國的糕點師佩爾・基耶（Pére Kie），吉尼亞（Gignard）爾繼承基耶的店面，1857 年研發出摩卡蛋糕。蛋糕體表層抹上咖啡奶霜，側面撒上杏仁碎，用金屬嘴的擠花袋在上方擠幾朵漂亮的奶油，再以浸泡甜酒的咖啡豆作裝飾。據說摩卡蛋糕在當時頗得人心，假日可以賣到四百個。為什麼我們現在幾乎是膝反射地將「摩卡」與咖啡口味劃上等號？答案與阿拉伯半島的都市「摩卡」有關，摩卡港曾是咖啡外銷到全世界的樞紐。

🍴 小點心大世界

> 摩卡是阿拉伯半島南邊國家葉門的港口城市，摩卡咖啡從中世紀以來便打開全球的市場，1614 年荷蘭以摩卡港為印度洋貿易的據點，摩卡港盛極一時，19 世紀開始蕭條，如今已沒有在出口咖啡豆。

阿曼焦糖酥

布列塔尼產的有鹽奶油用得毫不手軟

年代 | 1860 年

　　奶油從前在法國布列塔尼是富裕的象徵。Kouign amann 是「奶油麵包」的意思，據說男性在向女性求婚時會贈送這種點心。阿曼焦糖酥（Kouign-amann）的生日是 1860 年的某一天，索高迪（Scordia）在布列塔尼的杜瓦納內（Douarnenez）經營一間麵包店，每天都忙得不可開交。那一天由於來客眾多，商品早早就銷售一空，他無可奈何，隨意將麵團和大量的奶油、砂糖拌在一起烤，沒想到成品可圈可點。不知不覺間它開始被稱為kouign amann，並正式定名。索高迪看到商品架上空空如也想必冷汗直流，不過仍然很感謝他絕處逢生的食譜以及當地特產的有鹽奶油。

🍴 小點心大世界

法國的奶油以無鹽為主流，不過布列塔尼是鹽的產地之一，從中世紀起就開始製作奶油，當地消耗的奶油九成是有鹽奶油。有鹽奶油分為 beurre salé（鹽分 3% 以上）和 beurre demi-sel（鹽分 0.5 ～ 3%）兩種。

/ # 磅蛋糕
簡單是奶油蛋糕的基礎

年代 | 1860 年左右

磅蛋糕的法文是「quatre-quarts」，看這串字母的排列總讓人以為是什麼花俏的點心，其實是很普通的奶油蛋糕。磅蛋糕從 19 世紀中葉就已經廣為人知，quatre-quarts 原意為四分之四，主要材料為奶油、砂糖、雞蛋和麵粉，比例剛好是 1：1：1：1，合而為四分之四。1893 年的《19 世紀百科大詞典》（*Grand Dictionnaire universel du XIXe siècle*）中對於磅蛋糕的說明是「家庭蛋糕」，書中也記載了簡易的食譜，它有個別名叫「tôt-fait（馬上好）」。不要以為每種基本款蛋糕都會有衍生的改良版，沒有拌入果乾，沒有用奶油裝飾才是真正的磅蛋糕。

近代（18～19世紀）

🍴 小點心大世界

英國最初在製作磅蛋糕時候，使用奶油、砂糖、雞蛋和麵粉各一磅，因此得名。加果乾的磅蛋糕是水果蛋糕，麵團與可可 2：1 的磅蛋糕是大理石蛋糕。

維多利亞夾心蛋糕
獻給敬愛的英國女王

年代 | 1861 年

　　平復女王內心悲傷、讓她重新復活的就是維多利亞夾心蛋糕。想當然爾，「維多利亞」自然是英國國民敬愛的維多利亞女王。當時正值英國的黃金時期，1837 年起是長達 64 年的太平盛世，女王與心愛的夫君阿爾伯特親王（Prince Albert of Saxe-Coburg and Gotha）膝下育有九子，感情和睦的完美家庭形象也受到世人所支持。想不到阿爾伯特親王 1861 年驟然離世，女王悲痛難耐暫離公務，把自己關進夫妻倆深愛的別墅，懷特島（the Isle of Wight）的奧斯本莊園，廚師則是製作了維多利亞夾心蛋糕撫慰女王。女王最終在 1897 年平復傷痛，並在即位六十週年的慶祝宴會上，招待貴賓這款蛋糕。

🍴 小點心大世界

> 維多利亞女王（1819 ～ 1901）進入 1870 年代後回歸政務，1887 年的即位五十週年紀念典禮上，依然全身黑衣，尚未走出悲痛。奧斯本莊園的茶館如今依然能吃到維多利亞海綿蛋糕。

Victoria sandwich cake

使用等量的麵粉、奶油、砂糖和雞蛋，在口味偏厚實的海綿蛋糕中，搭配覆盆子果醬的夾心。製作起來並不繁複，卻是英國茶館的必備品。

064 / 千層派
詩意的本名「千片葉子」

年代｜1867 年

　　美食家葛立莫・德・拉・黑尼葉（Grimod de La Reynière，1758 ～ 1838）創辦了美食評鑑雜誌《老饕年鑑》（*Almanach des Gourmands*），他曾在雜誌中點評「千層派無疑是天才之作，出自最精巧之手」，非常驚艷於這種用好幾層薄麵皮製作的千層派。千層派的起源是 1800 年左右，據說是糕點師胡傑（Rouget）的拿手點心，但是評價不甚理想。千層派現代化的功臣是 1867 年巴黎的糕點師阿道夫・瑟農（Adolphe Seugnot），千層派在當時似乎是一天可以熱銷百個的暢銷精品。順帶一提，日本人常常把千層派叫成「mille filles」，但正確發音是 mille-feuille（千片葉子），「mille filles」是一千個女孩的意思，要特別注意。

🍴 小點心大世界

　「拿破崙派」是草莓夾心的千層派，由銀座「Maxim's de Paris」（已歇業）第一代法裔主廚研發、命名。由於狀似拿破崙皇帝的帽子，或者因為它是「點心之皇」，因此得名。

Mille-feuille

傳統的千層派是用三片酥皮夾卡士達醬，最後撒上大量的糖粉，用雙色的翻糖糖霜做出箭羽的花紋。

Torta Paradiso

義大利天堂蛋糕使用等量的麵粉和太白粉，製作出入口即化的輕盈口感。麵糊中拌入大量檸檬皮屑也是它的特色之一。

065 / 義大利天堂蛋糕
歌后偏愛的天堂滋味

年代｜1878 年

　　「簡直是天堂的滋味！」一名公爵試吃之後發出了這樣的讚嘆，這句讚嘆直接成了這款點心的榮譽之名。義大利天堂蛋糕是義大利倫巴底大區帕維亞（Pavia）的名產，有人認為研發者是 1878 年的糕點師恩里科‧維戈尼（Enrico Vigoni）；也有人認為它是改良自一種修道院蛋糕，某天修道院的修士出外採藥草，遇到一名女子教他做蛋糕，他在修道院試做出來，那滋味讓他想起那位天使般的女子。維戈尼將這種淡淡的情愫昇華為吃過一次便難以忘懷的簡單食譜，簡單，所以不會隨波逐流，點心店「Enrico Vigoni」至今仍然在帕維亞大學前營業。

近代（18～19世紀）

🍴 小點心大世界

瑪麗亞‧卡拉絲（Maria Callas，1923 ～ 1977）被譽為 20 世紀最傑出的女高音。她會去倫巴底大區加爾達湖（Lago di Garda）湖畔的別墅度假，而且特別喜愛義大利天堂蛋糕，甚至稱之為「我的蛋糕」。

Battenberg cake

巴騰伯格蛋糕顏色繽紛，是下午茶時間的良伴，也有人依著它的外型稱之為花窗格蛋糕、棋盤格蛋糕。

066

巴騰伯格蛋糕
維多利亞時期的棋盤格紋點心

年代 | 1884 年

　　巴騰伯格蛋糕用果醬接合起粉紅與黃色的海綿蛋糕體，外部再包裹一層杏仁膏，製作過程很費工夫。英國的點心大多走樸實的路線，而鶴立雞群的巴騰伯格蛋糕是誕生於維多利亞時期。1884 年，維多利亞女王的外孫女與德國巴騰伯格家的路易王子（Louis Alexander Mountbatten）成婚，宮廷廚師在婚宴上為了表示對王子的敬意，決定以杏仁膏打造出德國風格的點心。不過巴騰伯格蛋糕又有「拿坡里捲」（Neapolitan roll）、「多米諾蛋糕」（Domino cake）之稱，又聽說當年的格紋不是四格而是九格，可見它的身世還有很多謎團。也有人對上述說法持否定意見，認為沒有證據顯示巴騰伯格蛋糕與王室聯姻有什麼關連。總之無論是什麼時代，點心的故事都會在幾分的現實中，摻雜幾分的夢想與虛構。

近代（18～19世紀）

🍴 小點心大世界

杏仁膏（marzipan）是用砂糖和杏仁粉製作而成的膏狀物。17世紀，德國的呂貝克（Lübeck）在三十年戰爭中陷入飢荒，相傳他們是靠倉庫中大量的砂糖和杏仁做成的麵包度過難關。

Vacherin

在環狀排列的烤蛋白餅中間填入冰淇淋，再用打發鮮奶油作裝飾。

067

瓦榭爾冰淇淋蛋糕
外燴廚師研發出美麗誘人的點心

年代 | 1887 年

在蛋白餅（P108）搭建的精美容器中，裝入冰涼的冰淇淋。法式冰淇淋蛋糕之所以能成為吸睛的點心，蛋白霜肯定是最大的功臣，只要它一上桌，就能讓餐桌美不勝收。外燴廚師古斯塔・高林（Gustave Garlin）被譽為能做出全巴黎最氣派晚餐的人，據說他在 1887 年研發了法式冰淇淋蛋糕。眾所皆知，他長年發表出許多食譜，一般認為法式冰淇淋蛋糕是他從極為細緻滑順的金山乳酪（Vacherin Mont d'Or）[1] 獲得的靈感。

（1）瑞士九月～三月限定生產的洗式乳酪。乳酪外側綁一圈樹皮，熟成後裝在圓形木盒出貨。

近代（18～19世紀）

🍴 小點心大世界

將冰品（P192）帶入法國的是凱薩琳・德・麥地奇（P102）。在 1533 年的婚禮上，廚師將來自挪威峽灣的冰塊加上檸檬、柳橙和杏仁等材料，製作出一道雪酪，驚艷四座。

068 / 費南雪＆修女小蛋糕
盡情享用「金磚」的滋味

年代｜1888 年

　　糕點師拉努（Lasne）的店面開在巴黎證券交易所附近，他是個工作狂，一直在想有沒有什麼點心適合金融街工作繁忙的客人，讓他們可以吃得快又吃得巧，不會弄髒西裝……1888 年，拉努靈光一閃：「他們一定會喜歡吉利的金磚造型烘焙點心！」financier 就是「金融家」、「富豪」的意思。拉努猜對了，金融家會趁工作空檔前來，隨手買一塊奶油香四溢的金磚品嚐。很多人疑惑費南雪不是只是換個形狀的瑪德蓮（P113）嗎？但其實兩者差異懸殊。費南雪有用到杏仁粉，雞蛋用的只有蛋白，奶油是焦化奶油；瑪德蓮則是用全蛋和液化奶油。

🍴 小點心大世界

「修女小蛋糕」的材料和作法與費南雪幾乎如出一轍，發源於洛林地區 1610 年創立的聖母訪親女修會（L'ordre de la Visitation de Sainte-Marie）。修女小蛋糕也使用蛋白，以花朵般可愛的模具烘烤，20 世紀在南錫大為流行。

Financier & Visitandine

以焦化奶油和杏仁粉製作，滋味豐富的烘焙點心。費南雪
容易入口，總是讓人一塊接一塊吃不停。

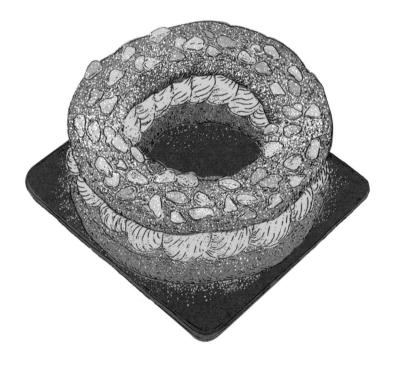

Paris-Brest

以杏仁片裝飾環狀的泡芙麵糊後烘烤，中間夾拌入果仁糖
的奶油霜，最後撒一層糖粉。

巴黎布雷斯特泡芙

仿擬車輪的環狀泡芙

年代 | 1891 年

　　「PBP 自行車大賽」是在法國布列塔尼的城市布雷斯特和巴黎往返一趟，路程總共為 1200km，糕點師路易・杜朗（Louis Durand）為參賽選手設計了一款高熱量的奶油霜泡芙。他將泡芙做成車輪造型，除了與店門口奔馳的自行車相呼應，也讓人看了熱血沸騰，他直接將這款點心取名為「巴黎布雷斯特」。泡芙的創作可能是 1891 年首屆大賽，也可能是 1910 年，受到主辦方《小日報》（Le Petit Journal）主編皮耶・吉法（Pierre Giffard）的委託。在這項賽程中，頂尖選手要不眠不休踩超過四十小時的輪子，幾世紀後的如今依然，而杜朗的店家也仍存在，繼續為參賽選手補給他們需要的熱量。

近代（18～19世紀）

🍴 小點心大世界

　　「薩朗波（Salammbô）」與巴黎布雷斯特泡芙同一時期誕生，是種披覆焦糖的橢圓形奶餡泡芙。薩朗波源起於歌劇《薩朗波》（1892 年巴黎首演），這是作曲家埃內斯特・雷耶（Ernest Reyer）的作品，改編自福樓拜的小說。

梅爾芭蜜桃冰
難以複製的艾斯科菲精品

年代 | 1894 年

　　奧古斯都・艾斯科菲（Auguste Escoffier）（P166），人稱「廚師之王」。他在 1894 年某一天，受到澳洲知名的歌手內莉・梅爾芭（Nellie Melba）邀請，去欣賞歌劇《羅恩格林》（*Lohengrin*），觀賞之後他深受感動，並設計了一款奢華的甜點獻給歌后。這件事發生在倫敦，當時號稱世界第一豪華的薩佛伊飯店（Savoy Hotel）。艾斯科菲以冰雕重現劇中登場的天鵝，再用細緻的糖雕紗覆蓋整個冰雕。天鵝的雙翅之間嵌入銀器，裝著填入香草冰淇淋的蜜桃。梅爾芭蜜桃冰美艷動人，但是難以複製，每次艾斯科菲看到冒牌的梅爾芭蜜桃冰，他就會忿忿不平在報紙上評論：「我的食譜只用了軟得恰到好處的熟桃、高檔的香草冰淇淋和加糖的覆盆子泥，其他東西都會破壞蜜桃的細緻度。」

🍴 小點心大世界

> 1899 年，倫敦的卡爾登飯店（Carlton Hotel）開業，艾斯科菲第一次為飯店客人提供省去冰雕的梅爾芭蜜桃冰。

Pêche Melba

近代（18〜19世紀）

現在的梅爾芭蜜桃冰是將糖煮蜜桃、香草冰淇淋和覆盆子
果醬裝在容器內，沒有艾斯科菲的那麼精雕細琢。

071

舒婕特可麗餅
英國王子命名的火焰甜點

年代 │ 1896 年

　　英國國王愛德華七世在即位前，曾與一名千金小姐前往蒙地卡羅的「巴黎咖啡館（Café de Paris）」吃晚餐。他們要廚師提供全新的甜點，亨利・察龐締（Henri Charpentier）本來想提供一款淋上橙酒的可麗餅，沒想到酒精遇火燒了起來。王子見狀反而喜出望外，吃得津津有味。亨利一開始想將甜點命名為「王子可麗餅」，後來經王子的提議，改以同席千金的名字命名為「舒婕特可麗餅」。舒婕特可麗餅的身世眾說紛紜，但總地來說多半就是取自一位美女的姓名。

🍴 小點心大世界

亨利・察龐締的師傅是奧古斯都・艾斯科菲（1846～1935），一位被稱為「廚師之王，王者之廚」的偉大廚師。

Crêpe Suzette

可麗餅烤過後折四折以柳橙汁燉煮，再淋上橙酒或白蘭地
用火燒，是款熱食。除了味道之外，火焰之舞也是種視覺
的饗宴。

布朗尼
與咖啡默契十足的濃郁滋味

年代 | 1890 年代

　　布朗尼（Brownie）是英國傳說中的咖啡色妖精，會趁半夜全家陷入沉睡之際幫忙做家事。有人認為烘焙點心布朗尼的名稱就是這樣來的，也有人認為布朗尼的研發時間，是 1893 年的世界哥倫布紀念博覽會。伯莎·帕爾瑪（Bertha Palmer）是帕爾瑪飯店（Palmer House）[1] 創辦人之妻，也是萬博的領導人，她請主廚約瑟夫·塞爾（Joseph Sehl）做出「漂亮、方便搬運又能讓許多人品嚐的點心」，最後的成品就是布朗尼。布朗尼究竟來自英國還是美國？儘管眾說紛紜，不過這個名字 1896 年首次出現在美國波士頓烹飪學校的教科書，到了 20 世紀才完成現在這種滋味濃郁的版本。

（1）現在希爾頓集團的飯店。

🍴 小點心大世界

「西爾斯·羅巴克公司（Sears, Roebuck and Company）」曾是美國最大的郵購公司，他們首次刊登布朗尼是在 1897 年版的型錄。

073 / 翻轉蘋果塔
翻轉後完成的焦糖塔

年代｜19 世紀後半

　　翻轉蘋果塔（Tarte Tatin）誕生的舞台是 1890 年左右，法國的鄉村拉莫特伯夫龍（Lamotte-Beuvron）。那一天塔當（Tatin）姊妹經營的「塔當飯店（Hôtel Tatin）」來了許多獵人，她們忙得不可開交，姐姐史蒂芬妮（Stéphanie）烤蘋果塔的時候，忘記要先在模具裡鋪塔皮。妹妹卡洛琳（Caroline）驚慌發現後，在蘋果上層補鋪塔皮，烤完再翻轉回來提供給客人。雖然程序上是明顯的失敗，但是這道蘋果塔誤打誤撞成了飯店的招牌。1926 年，美食評論家庫農斯基（Curnonsky）介紹「Tarte des Demoiselles Tatin」之後，翻轉蘋果塔成為眾所矚目的焦點，鄉村甜點最終也躋身高檔餐廳「馬克西姆餐廳（Maxim's）」的菜單之中。塔當飯店如今依然在開業，據說塔當姊妹使用過的烤箱也還保存著。

🍴 小點心大世界

> 庫農斯基（1872～1956），本名莫里斯・埃蒙・賽昂（Maurice Edmond Sailland），人稱「老饕之王」，是 20 世紀初代表性的美食評論家。1921 年起七年間發行《美食法國》（*La France gastronomique*），介紹法國各地的料理與餐廳。

近代（18～19世紀）

169

漂浮之島／雪花蛋

卡士達海上的蛋白霜島

年代｜19 世紀後半

　　蛋黃色的溫潤卡士達醬中，漂浮著純白的蛋白霜，美如畫的「漂浮之島」輕盈蓬鬆，在大啖完正餐後，很適合配上這道飯後甜點。漂浮之島是 19 世紀後半的奧古斯都・艾斯科菲（P166）所研發，不過在當時這似乎是更奢侈的一道甜點。漂浮之島別名 œufs à la neige，意思是「雪花一般的蛋」，它的成名比漂浮之島更早，1651 年，拉・瓦雷納（La Varenne）的著書《法國廚師》（Le Cuisinier françois）已記載過食譜。如今這款點心擁有兩個名字，可以用微波爐製作的簡易版 2020 年在日本曾掀起一小波熱潮。

🍴 小點心大世界

拉・瓦雷納（1618～1678），本名弗朗索瓦・皮耶・德拉瓦雷納（François Pierre de La Varenne），太陽王路易十四宮廷的重要人物，著作包括 1651 年《法國廚師》、1655 年《法國糕點師》（Le Pâtissier françois）。

Île flottante / Œuf à la neige

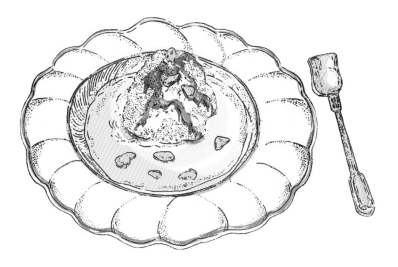

蛋白霜漂浮在卡士達醬中，最後淋上焦糖醬，可以依喜好
佐以水果或堅果。

075

聖誕木柴蛋糕

吃著木柴蛋糕等彌撒

年代｜19 世紀後半

　　聖誕木柴蛋糕是一種聖誕夜的法國點心，到了 19 世紀後半才開始比較普遍。以奶油重現木柴紋理，以巧克力做成藤蔓，還有砂糖蕈菇與聖誕老人……這個童話世界的創造者是誰？可能的人選其實還滿多的。1898 年，皮耶‧拉岡在著書中記載了聖誕木柴蛋糕的食譜與圖片，因此一般認為創作者是他，不過他自己又說可能是巴黎的糕點師安托南‧夏哈布（Antoine Charabot）。接下來就要問了，為什麼聖誕節要吃「木柴」蛋糕？這個答案也是眾說紛紜，有人認為以前的聖誕節傳統是全家吃完晚餐後，每個人拿著木柴在火堆邊集合，等待半夜望彌撒。時光飛逝，如今我們已不必在家中燒柴火，於是取而代之的就是餐桌上的木柴點心了。

🍴 小點心大世界

關於聖誕木柴蛋糕的研發，有人認為是 1834 年巴黎「La Vieille France」的糕點師用巧克力奶油霜做出樹皮造型的甜點，也有人說是誕生於 1860 年左右的里昂。

Bûche de Noël

近代（18〜19世紀）

將蛋糕捲做成木柴造型，以奶油表現出年輪的紋路，蕈菇的繁殖力強，因此象徵著新生命與繁榮，是木柴蛋糕不可或缺的元素。

076 / 美式瑪芬
麵包與甜點的雙重人格

年代 │ 19 世紀後半～ 20 世紀

　　瑪芬有兩種，一種是麵團發酵後做成麵包形式的英式瑪芬，一種是用泡打粉讓麵團膨脹，做成杯子蛋糕形式的美式瑪芬。英式瑪芬從 18 世紀左右開始就廣為人知，頭頂著托盤賣瑪芬的「瑪芬小販」在維多利亞時期也很活躍，瑪芬受歡迎的程度可見一斑。1880 年，英裔移民山繆・貝絲・托馬斯（Samuel Beth Thomas）在紐約開設麵包店，英式瑪芬的進化似乎是從這裡開始。泡打粉是可以簡單讓麵團膨脹的材料，幸運的是此時泡打粉的研發已經有一定成果，有「速成麵包」（quick bread）之名的輕食美式瑪芬誕生之後聲名大噪，輕輕鬆鬆就超越了傳統的瑪芬。

🍴 小點心大世界

> 杯子蛋糕比瑪芬更輕盈、裝飾也更繽紛，因此是家庭派對的經典選擇。「木蘭烘焙坊（Magnolia Bakery）」1996 年在紐約開業，是九零年代杯子蛋糕風潮的重要推手。

American
muffin

瑪芬的命名是來自「muff」，一種圓桶型的防寒小物，雙手可從兩側套入保暖，而從前的女性們也會以剛出爐的英式瑪芬暖手，因此得名。

聖代是將巧克力醬或糖漿淋在冰淇淋上,佐以水果或鮮奶油,通常會裝在相對平坦的容器中。

077 / 聖代
渴冰之人的困獸之鬥

年代 │ 19 世紀末

　　美國曾經有一個地方被下禁令「星期日不准喝冰淇淋汽水」。星期日是基督教的安息日，也是放假做禮拜的聖日，如此隆重的大日子似乎不宜太奢侈。威斯康辛州的雙河城（Two Rivers）便是如此，冰淇淋店老闆艾德・伯納斯（Ed Berners）週日被禁賣冰淇淋汽水了，1881 年，他決定推出新產品，以巧克力取代汽水淋在冰淇淋上，聖代便這樣誕生了。不過要是大喇喇叫「sunday」多半會被教會盯上，於是換一個字母，改叫「sundae」。關於聖代，最古老的文字紀錄，是 1892 年紐約州的櫻桃聖代廣告，到了 20 世紀實施禁酒法之後，聖代又更蔚為流行（P193）。

近代（18〜19世紀）

🍴 小點心大世界

1885 年創業的新宿高野，於 1926 年開業「高野水果輕食店（Takano Fruit Parlor）」。當時的菜單中就有潘趣酒、糖漬水果和三色聖代。

Dacquoise

達克瓦茲的餅殼可以當作甜點的零件使用，比如說整模蛋糕的基座。而甜點的達克瓦茲在日本是橢圓形，在法國是直徑 20 公分的圓形。

/ # 達克瓦茲
源自法國的西式「最中」

年代 | 19 世紀末

　　說到和菓子的伴手禮，很多人會想到「最中」
（Monaka），這個外殼酥脆、內餡甘甜的組合可能始
於江戶時代。介紹達克瓦茲的時候怎麼會提到最中呢？
日本人對達克瓦茲並不陌生，福岡點心店「法國點心 16
區」的主廚老闆三嶋隆夫，1979 年研發出了一款「和菓
子版的最中」[1]。這款橢圓形的烘焙小點心，如今已經
是西點的經典禮品。不過達克瓦茲起源於法國西南部的
小鎮達克斯（Dax），前身是 19 世紀末曾出現過的類海
綿蛋糕「亨利四世」，餅殼經過改良之後，才有現在的
達克瓦茲。達克斯製作的是大型的達克瓦茲，餅殼烤成
漩渦狀，中間夾奶油霜內餡。

（1）商品名是「達庫瓦茲」。

近代（18～19世紀）

🍴 小點心大世界

法國西南部庇里牛斯 - 大西洋省（Pyrénées-Atlantiques）的
省會波城（Pau）有一種與達克瓦茲相同的點心，名為「帕
露瓦」（palois）。波旁王朝的首位國王亨利四世（1553～
1610）生於波城，當時的宮殿留存至今，目前是博物館。

christmas pudding

混合大量的果乾、雞蛋、麵包粉和板油，經過長時間蒸熟
之後再熟成一個多月。在布丁裡藏硬幣、戒指或鈕釦看看
誰會吃到，也是享用聖誕布丁一種樂趣。

079 / 聖誕布丁
英國傳統的聖誕點心

年代 | 19 世紀完成

　　英國所謂的「布丁」（P63）未必都是甜食、甜點，聖誕布丁也不例外，它原本是中世紀的聖誕節吃的粥狀物。聖誕布丁與明斯派（P76）都經歷過清教徒革命，進入 19 世紀終於進化成現在的固體狀。比較大的轉機有兩個，一個是維多利亞女王採納聖誕布丁為王室甜點，另一個是在狄更斯的小說中登場。經過歲月洗禮後，聖誕布丁成為國民的聖誕點心，甚至還有一天是全家團圓做布丁的日子[1]，由此可見，它確實是處處備受禮遇。

（1）Stir up Sunday（11 月下旬的星期日），全家團圓做聖誕布丁的日子。每個人都要一邊在內心許願，一邊（依照太陽升起的東方往西）攪拌材料。

近代（18～19世紀）

🍴 小點心大世界

查爾斯・狄更斯（Charles Dickens）的《小氣財神》（1843年）是英國家喻戶曉的聖誕節故事。主角是一個自私自利的老人史顧己，他在聖誕節前夕喚回了自己的人性，故事之中有出現聖誕布丁。

181

080

檸檬蛋白派
酸甜奶醬搭配大量蛋白霜

年代 | 19 世紀

　　棉花糖雲朵般的蛋白霜下方,躺著香氣十足的檸檬黃內餡,檸檬蛋白派光是視覺上便足以帶給人一股幸福感,這是一款受英國人長年愛戴的點心。可惜我們無從得知研發者是誰,一般認為它的前身是「切斯特布丁」(chester pudding)這種點心。檸檬蛋白派與檸檬蛋黃醬(lemon curd)[(1)]同樣是使用奶餡和蛋白霜製作而成,據說維多利亞時代(1837～1901)很受歡迎。不過第二次世界大戰爆發之後,糧食配給制度下的英國,無論製作點心或吃點心都變得困難重重。檸檬蛋白派獲得全民愛戴的時間,要等到能自由取得食材的 1950 年代以後。

(1)以砂糖、蛋黃、檸檬汁等材料製作的檸檬醬。

小點心大世界

檸檬是維他命 C 的代名詞。在地理大發現的時代,船員會因為缺乏維他命 C 引發壞血病死亡,1614 年,英國東印度公司的醫務長官約翰・伍德爾(John Woodall)便研擬對策,建議船員補充檸檬汁或萊姆汁。

Lemon meringue pie

檸檬蛋白派以派皮搭配檸檬奶餡和蛋白霜，味覺和視覺上都相當清爽。擠上厚厚的蛋白霜後，以刀背或叉背輕輕整理過再烤。

Dundee cake

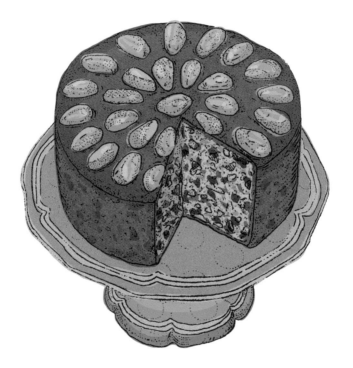

丹地水果蛋糕使用大量果乾和糖漬橙皮，表層放射狀排列
的杏仁是最大特色，也是款受人歡迎的聖誕蛋糕。

丹地水果蛋糕
來自港都的柑橘醬副產品

年代 | 19 世紀

　　丹地是什麼樣的蛋糕？就是排列大量杏仁的水果蛋糕，而且麵團不仰賴滑順的奶油，好像有種果決的瀟灑，不過丹地本來就是蘇格蘭一個港都的名稱。18 世紀，一艘西班牙的貨船因暴風雨停靠丹地港，當地的食品公司 Keiller 見船上有囤放過久的柳橙，決定向他們採購。然而，那些柳橙都是又苦皮又厚的苦橙（Seville orange），不宜生吃。他們左思右想之後，決定在既有的柑橘醬中加入糖漬橙皮，商品推出後相當暢銷。Keiller 公司繼續思考：工廠是否能在柑橘季之外的時期生產什麼商品？於是 19 世紀，含有糖漬橙皮的丹地水果蛋糕就此誕生。

近代（18〜19世紀）

🍴 小點心大世界

柑橘醬（marmalade）以柑橘類的果肉與果皮為原料，語源是葡萄牙文的 marmelada，marmelada 是用榲桲的果實製作而成的果醬。

082 / 伊頓草莓杯
英國名校的隨性甜點

年代 | 19 世紀

　　1440 年，亨利六世創辦英國名校伊頓公學（Eton College），伊頓公學也是伊頓草莓杯的誕生地，這是種將草莓、蛋白霜、鮮奶油拌在一起吃的甜點，很像在吃大雜燴。伊頓草莓杯的由來是一段引人發噱的故事。校內舉辦野餐活動的時候，一隻大型的拉布拉多犬一屁股坐在野餐籃上，把裡面的草莓點心壓成一團糟！沒想到壓成一團的點心依然美味，於是被認定為新的點心。伊頓草莓杯在 19 世紀已經廣為人知，1930 年代時，伊頓公學的校內商店也開始販賣，是一款頂著名校光環的點心。也有一說，認為早期的伊頓草莓杯沒有加入蛋白霜。

🍴 小點心大世界

> 草莓是英國的夏季水果，草莓加上鮮奶油就是「草莓克林姆」（strawberry cream），它的誕生地是亨利八世時代的權貴沃爾西（Thomas Wolsey）主教（1471～1530）宅邸。相傳研發草莓鮮奶油的目的，是讓大宅邸的眾多人群有款可快速取用的甜點。

Eton mess

伊頓草莓杯有草莓的酸、蛋白霜碎的口感加上濃郁鮮奶油的甜。要如何吃才會更美味？訣竅就是吃的前一刻再攪拌。

夏日布丁
英國鮮紅的夏日大餐

年代 | 19 世紀

　　英國從 19 世紀的尾聲起，就已經在製作「水療布丁（hydropathic pudding）」。儘管視覺上鮮紅搶眼，名稱聽起來卻似乎與美味沾不上什麼邊。水療布丁是一種冷食，在吐司盆中填入覆盆子、紅醋栗和黑醋栗。水療布丁最初是研發給醫院、照護機構、前往度假地調養的病友，給無法負擔高脂肪點心的人吃。而且吐司盆用那種開始變乾的吐司更好製作，因此相當方便。如果放久的麵包可以做出健康美味的點心，非患者的一般人自然也會想吃。20 世紀，為了翻轉它「健康食物」的形象，於是改名為夏日布丁。

🍴 小點心大世界

黑醋栗（blackcurrant）是原產於歐洲的果實，富含維他命 C 和多酚。經過瑞士的植物學家加斯帕爾・博安（Gaspard Bauhin，1560 ～ 1624）的推廣，在歐洲不但是食物也是民間的藥用植物。

Summer pudding

將吐司鋪排在布丁模具中，填入糖煮莓果後放涼。果汁會
在冰箱中慢慢滲入麵包體，形成紅通通的布丁。

Marshmallow / Guimauve

棉花糖是將砂糖、蛋白、水飴、吉利丁、香料等混合製作而成。法文名為「guimauve」，可以直接火烤，也可以加進可可中讓它融化。

084 ／ 棉花糖

前身是古代的止咳糖

年代｜19 世紀

　　將鬆軟的棉花糖放在火上，等待它烤出微焦的顏色……如此幸福的時光，是古埃及的賢者帶給我們的。追溯棉花糖的歷史，會發現棉花糖始祖是將植物「藥蜀葵（Marshmallow）」的根部黏液，與蜂蜜混合製作的糖果。不過這種糖果並不是點心，而是古代珍貴的止咳藥或腸胃藥，甚至貴重到可以拿去供奉神明。過了一段時間，到了 19 世紀，這款糖果藥抵達法國和德國，糕點師將它改良成一口大小的鬆軟棉花糖。進入這個階段之後，它的點心化之路就沒有終點了。最終藥蜀葵的黏性發揮出吉利丁和蛋白的功能，讓棉花糖順利變身成為療癒的點心。

近代（18〜19世紀）

🍴 小點心大世界

1892 年，推出棉花糖（當時叫「真珠麿」）的米津風月堂當家米津松造（1838〜1908），是提升日本西點文化的重要人物。他們採用相關技術，陸續製造並銷售酒心巧克力、脆餅和糖漬栗子。

冰品

傾倒眾權貴的冰涼甜點

古希臘的偉大醫師希波克拉底（Hippocrates）認為「夏天喝冰飲有害健康」，不過權貴們聽了似乎也沒往心裡去。西元前四世紀左右的亞歷山大大帝，在倉庫中堆滿冰雪保存食品，讓士兵喝冰涼的飲品。羅馬的暴君尼祿（Nero，37～68）將阿爾卑斯山運來的冰搭配葡萄酒和蜂蜜，配上花香味製作出他熱愛的「dolce vita」。駭人的是，家教老師為此告誡他「不可以太奢侈」，下場卻是領命自盡。一般認為冰品的雛形是阿拉伯的冷飲「沙巴特」（sharbat）[1]，沙巴特跟著十字軍東征傳入義大利[2]，改名為「雪酪」（sorbet）。16世紀是義大利冰品的轉捩點，眾人期盼的冷凍技術被發明出來了[3]。使用最新技術的雪酪，1533年隨著凱薩琳（P102）來到法國……上流貴族為之譁然，認真研發的廚師更是絞盡腦汁製作出各式各樣的冰品，但這些都是特權階級的奢侈品。1720年，巴黎街頭發生了革命性的事件。來自西西里亞的普羅可布（Francesco Procopio dei Coltelli）開了間「普羅可布咖啡館（Café Procope）」，他的店裡推出了冰品[4]！冰品到了這個階段，總算開始觸及平民的生活。冰淇淋繼續在19世紀的美國進化，蛻變成人見人愛的「冰涼甜點」。

● 美國的冰淇淋史

18 世紀末　　英國移民傳入冰淇淋。

1846 年　　　費城的主婦南希・強森（Nancy Johnson）
　　　　　　發明手動的冰淇淋製造機，冰淇淋在一般
　　　　　　家庭中普及。

1851 年　　　巴爾的摩（Baltimore）的牛奶商人雅各
　　　　　　布・福塞爾（Jacob Fussell）在冰淇淋工廠
　　　　　　開始進行製造與販賣，冰淇淋進入大量生
　　　　　　產的時代。

1880 ～ 90 年代　冰淇淋聖代（P176）誕生。

1904 年　　　冰淇淋甜筒（P28）誕生。

1916 年　　　輕食飲料店[5]、冰淇淋店在全美國擴大。

1920 年　　　開始實施「禁酒法」後，酒廠致力於冰淇
　　　　　　淋事業，倒閉的酒館都改做輕食飲料店，
　　　　　　冰淇淋發展成規模龐大的產業。

近代（18～19世紀）

（1）在糖水中以玫瑰或麝香增添香氣後，透過冰雪冷凍的飲料。

（2）有一說認為冰品是馬可波羅（1254 ～ 1324）從中國帶來義大利
　　的。

（3）馬可・安東尼・基馬拉（Marco Antonio Zimara）和貝納多・布
　　翁塔倫提發現在水中加入硝石，可以透過吸熱作用使水溫下降。

（4）將打發鮮奶油凍起來做成的「香緹伊奶油冰淇淋」（glace à la
　　chantilly）。

（5）在吧台提供汽水和冰淇淋的餐廳。

Column 3

巧克力

從「神的食物」到「吃的巧克力」

● 中部美洲（Mesoamerica）的萬靈丹

可可的學名是「神的食物」（Theobroma），命名者是 18 世紀的瑞典植物學家林奈。中部美洲孕育了馬雅文明與阿茲特克的偉大文明，這裡的可可是一種貨幣，也是珍貴的退燒、健體萬靈丹，因此夠格被視為一種「神」的恩賜。當時的人民在收割儀式或婚禮上的必備品是「xocolatl」（苦水），xocolatl 是種將可可豆磨碎，拌入水和香料的飲品，相傳阿茲特克的皇帝蒙特蘇馬二世甚至每天要喝 50 杯。此外，根據 1545 年的紀錄，三顆可可豆的價值相當於一顆現採的酪梨、100 顆可可豆相當於一隻野兔、200 顆可可豆相當於公火雞。

● 對可可興致缺缺的哥倫布

巧克力傳入歐洲之後，才從「飲料」變成「食品」，不過這件事的推手卻不是哥倫布。哥倫布 1502 年確實遇見了海運可可豆的馬雅人，但是他沒有看出可可的真正價值，就此錯過！如果哥倫布對可可更有興趣，或許能改寫巧克力的歷史。

● 上流階級成為巧克力飲料的俘虜

16 世紀，西班牙征服阿茲特克，西班牙人艾爾南·科爾特斯（Hernán Cortés）將可可帶回故鄉獻給國王。液化巧克力加了砂糖後變成甜飲，人們相信喝了有補充養分的效果，因此它在整個歐洲擴散開來。比方說 17 世紀，嫁到法國的西班牙公主帶著專門調理巧克力的侍女同行，倫敦也出現了貴族的社交場所「chocolate house」。

● 偉大的范·豪登（Van Houten）！

可可來到歐洲 300 年後，1847 年，固體的巧克力終於在英國亮相。固體的巧克力是由可可粉、砂糖和可可脂（cocoa butter）製作而成，製作上的功臣是弗萊公司（J. S. Fry & Sons），不過荷蘭的化學家范·豪登也值得記上一筆。1828 年，范·豪登成功從可可豆中萃取出可可脂，濃稠的液化巧克力進化為「可可」飲料。只可惜的是，他的大名如今已經幾乎在荷蘭被遺忘。

● 關於巧克力效用的激辯

王家貴族希望巧克力有什麼樣的效用？18 世紀法國的藥師路易·雷姆利（Louis Remy）認為「巧克力可以恢復衰退的體力、強身健體」，托斯卡尼宮殿的醫生 Félice 則認為「攝取巧克力會縮短人類壽命」。在那個無法論述「多酚」功效如何的時代，擁護派與反對派雙方掀起了激烈的爭執。

「一匙冰淇淋，沁涼人甦醒」正岡子規*
第一首吟詠冰淇淋的俳句

*譯注：日本俳句詩人，明治時代文學宗匠，這是他表達了冰淇淋帶來的清新與愉悅感受。

現代（20世紀〜）

Mont Blanc

日本原創的黃色蒙布朗，是用梔子花將栗子染出來的顏色。法國的蒙布朗以蛋白霜（P108）為基底，因此蒙布朗被視為一種蛋白霜點心。

085

/ # 蒙布朗
遙想歐洲的最高峰

年代 │ 1903 年

　　蒙布朗是奶油奶餡愛好者心目中的蛋糕最高峰。1903 年首次供應蒙布朗的是法國茶沙龍「安潔利納（Angelina）」，他們做出的正是奶餡的雪山。法國薩瓦和義大利的皮埃蒙特大區都可以眺望到阿爾卑斯山，這些地方 15 世紀末就存在一種家庭點心「白朗峰」（Monte Bianco），可能是蒙布朗的前身。相傳白朗峰是款簡單的點心，只有栗子泥佐上打發鮮奶油。而日本的第一個蒙布朗，是自由之丘的點心店「蒙布朗」1933 年研發出來的。第一代老闆在法國遇見盤式甜點後深受感動，決定設計出可以帶走的蒙布朗。日本的蒙布朗是以海綿蛋糕的基底搭配鮮奶油和栗子奶餡，山頂以純白的圓形蛋白霜仿擬白雪，做出很日式風格的改良。

🍴 小點心大世界

可可·香奈兒（Coco Chanel）也去過「安潔利納」這間老店，另有一說認為時下女性的髮型給了安潔利納靈感，研發出這種栗子泥的細絲裝飾。

Crémet d'Anjou

白乳酪加上打發的鮮奶油和蛋白霜，包進紗布中擠出水分，
凝聚所有的美味。旁邊會佐以草莓或覆盆子類的紅色醬汁。

安茹白乳酪蛋糕

酪農人家的佳餚

年代 | 1900 年左右

在美食的國度法國，安茹白乳酪蛋糕被稱為「神明的饗宴」。這個點心起源於 1900 年，酪農人家工作中會使用手動攪乳器（baratte）製作奶油，他們將攪拌機螺旋上沾附的乳酪，集中起來做成甜點食用。這種物盡其用的做法最初多半只是酪農人家私下的樂趣，不過由於成品的新鮮度特別驚人，1920～30 年代開始有人會裝籃上街兜售。現在我們製作上使用白乳酪[1]，因此據說產地的乳酪店也有販賣安茹白乳酪蛋糕。我也曾在日本的超商架上，看過紗布包起來的安茹白乳酪蛋糕。

（1）原產於法國的新鮮乳酪「fromage blanc」。

🍴 小點心大世界

「藍瓦石板糖」（Quernon d'Ardoise）與安茹白乳酪蛋糕都發源於羅亞爾河流域的都市昂熱（Angers），是當地的特色點心。藍瓦石板糖是以巧克力包裹焦糖杏仁脆片（nougatine），靈感來自流域附近的藍色屋瓦。

現代（20世紀～）

/ 義式奶酪

芭蕾舞者獻給情人的奶酪

年代 | 1900 年代初

　　1993 年，義式奶酪在日本颳起旋風，原文 panna cotta 是「加熱的鮮奶油」的意思。義式奶酪生於皮埃蒙特大區、興盛酪農的朗格（Langhe），關於它的來歷有很多種說法。有人認為它的前身是巴伐利亞奶凍（P122）或西西里的杏仁牛奶白奶酪（bianco mangiare），傳入皮埃蒙特後變成義式奶酪。另一說認為研發時間是 1900 年代初，住在朗格的匈牙利芭蕾舞者，她一心想取悅情人，於是下廚做出了全白的奶酪。以前的義式奶酪不用吉利丁，只用蛋白、鮮奶油和砂糖，是很樸實的家庭點心。如果是從芭蕾舞者的情愫催生出來的……似乎是更有說服力的說法。

🍴 小點心大世界

bianco mangiare 意思是「白色食物」，是西西里亞東南部的家庭點心，以杏仁牛奶、砂糖和玉米澱粉製作而成。

Panna cotta

現代（20世紀～）

以鮮奶油做成的奶酪，現在大多不會只用鮮奶油，而是改成鮮奶油與牛奶各半，並淋上莓果類的醬汁，味道通常都很清爽。

203

Torta Caprese

滋味濃郁的卡布里蛋糕沒有使用麵粉，通常是以杏仁碎或
胡桃碎攪拌製作。

088

卡布里蛋糕

黑手黨讚不絕口的點心

年代 | 1920 年

　　義大利坎帕尼亞大區（Campania）的卡布里（Caprese）以藍洞聞名，第二任羅馬皇帝提比略（Tiberius）的別墅也在這座風光明媚的島上。卡布里來過許多世界級的名人，它孕育出的卡布里蛋糕也得到大人物的加持，在點心界獲得一席之地。1920 年，美國黑手黨艾爾卡彭一夥人前來卡布里採買衣物，島上的廚師卡魯米涅・迪・佛歐雷（Carmine Di Fiore）要為他們做巧克力蛋糕，結果製作過程中，他不小心忘了放麵粉。蛋糕若是不好吃可能會賠上性命，好在無麵粉的蛋糕讓他們讚不絕口說「濕潤又美味」。誤打誤撞做出來的蛋糕順利冠上「卡布里」之名，迪・佛歐雷也成功保住了性命。

🍴 小點心大世界

卡布里島是高級度假地，衍生出「卡布里衫」、「卡布里涼鞋」等流行衣物。1950 年代流行的「卡布里褲」是種七分長的緊身褲，曾在島上海邊被目擊過，因此得名。

現代（20世紀～）

089 草莓鮮奶油蛋糕

日本原創的蛋糕之王

年代 | 1922 年

　　在鬆軟的海綿蛋糕和鮮奶油上，擺一顆紅通通的草莓多好看。日本人說到蛋糕，肯定就是在說草莓奶油蛋糕。Short 有酥脆的意思，所以 shortcake 原本是指美式或英式這種以酥餅為基底的蛋糕，不過日本人就是喜歡口感鬆軟的蛋糕，於是改用海綿蛋糕，發明出獨門的作品。發明者可能是留法的「colombin」創辦人門倉國輝，或者是在美國學西點的藤井林右衛門創立的不二家。1922 年，首先推出奶油蛋糕的是不二家，蛋糕側面沒有塗上奶油，視覺上與英式美式的如出一轍。原以為一推出就會造成轟動，沒料到的是生鮮蛋糕在當時有很大的衛生風險，等到 1955 年冷藏設備普及以後，才被一般人接受和喜愛。

🍴 小點心大世界

門倉國輝（1893 ～ 1981）是西點製造商、colombin 創辦人，也是日本的法式甜點始祖。他是第一個在日本製作冷藏展示櫃的人，又在澀谷東橫暖簾街開設西點展演室，對於西點的普及與發展大有貢獻。

Short cake

誕生自日本的蛋糕，紅白對比相當賞心悅目。不二家除了有經典的奶油蛋糕，還有製作其他車輛、狗、蝴蝶造型的蛋糕。

090

帕夫洛娃蛋糕
靈感來自世界級芭蕾舞者的舞裙

年代 | 1926 年

　　到底是澳洲還是紐西蘭？紐澳兩國僵持不下，都認為自己才是第一個為世界的妖精獻上點心的國家，這就是「帕夫洛娃蛋糕」之爭。這款蛋糕 1926 年獻給世界級的芭蕾舞伶安娜・帕夫洛娃（Anna Pavlova），造型仿擬她的舞裙[1]。作為首位參與世界巡迴的芭蕾舞者，她也在同一年造訪了澳洲和紐西蘭。不過近年我們發現，最古老的巴伐洛娃蛋糕食譜記載於吉利丁製造商的食譜書，這本書發行於 1927 年的紐西蘭。早期的帕夫洛娃蛋糕是將好幾層染色的果凍堆疊起來，做成舞裙的造型，後來改用蛋白霜（P108），才進化成華美的模樣。

（1）以薄布層層疊疊做出來的芭蕾舞裙。

🍴 小點心大世界

安娜・帕夫洛娃（1881～1931）是俄羅斯裔的世界級芭蕾舞者，她 1907 年演出《垂死的天鵝》（*The Dying Swan*）後聲名大噪，後來以英國為據點，率領自己的芭蕾舞團到世界各國巡演。帕夫洛娃 1922 年訪日，促使日本的芭蕾開始普及。

Pavlova

帕夫洛娃蛋糕是在圓形的蛋白餅鋪上鮮奶油和莓果等水果，它的蛋白霜中會加入少量的葡萄酒醋。

Schwarzwälder-Kirschtorte / Forêt-Noire

以可可口味的海綿蛋糕、鮮奶油和櫻桃製作而成的蛋糕，
製作方法傳入緊鄰德國的阿爾薩斯後，並在法國被稱為黑
森林蛋糕（Forêt-Noire）。

黑森林蛋糕
德國的經典蛋糕

年代 ｜ 1927 年、1930 年

德國西南部有一區名為 Schwarzwald 的黑森林地帶，黑森林蛋糕使用的就是在地特產的櫻桃，以及蒸餾酒櫻桃白蘭地（Kirschwasser）。研發者可能是 1927 年的約瑟夫·凱勒（Josef Keller），或是 1930 年的艾爾文·希爾登布蘭德（Erwin Hildenbrand）。兩人都是與黑森林地帶有淵源的糕點師，尤其特里堡（Triberg）的 Café Schäfer 還留存凱勒的食譜，現在的我們依然能品嚐到當年的滋味。這款德國的經典蛋糕在 1934 年經過書籍介紹後享譽全世界，在法國被稱為 Forêt-Noire。可可口味的黑色蛋糕體搭配雪白奶油和鮮紅櫻桃，黑白紅的配色與黑森林的民族服飾相同，遍布外層的巧克力碎屑，也完美地重現了黑森林針葉樹的形象。

🍴 小點心大世界

櫻桃白蘭地是以櫻桃為原料的白蘭地，將發酵的櫻桃連同種子磨碎後蒸餾。德國黑森林地區和法國阿爾薩斯的櫻桃白蘭地都相當知名。

戚風蛋糕
覆上神秘面紗 20 年的食譜

年代 | 1920 年代後半

　　戚風蛋糕（Chiffon Cake）在視覺上有些特異，為什麼看起來這麼蓬鬆？中間的洞又是什麼？戚風蛋糕於 1920 年代誕生，在當時確實充滿很多謎團。戚風蛋糕的出生地是加州的洛杉磯，研發者是哈利・貝克（Harry Baker）。他透過植物油和蛋白霜，做出極度輕盈濕潤的口感，又因為麵糊有一定高度，需要開中間的洞讓麵糊平均受熱、膨脹。當年戚風蛋糕廣受歡迎，訂單也蜂擁而至，但是個中的謎團直到研發後 20 年才解開。1948 年，食譜被賣給大型食品公司通用磨坊（General Mills, Inc.）之後，戚風蛋糕終於以真面目示人。

🍴 小點心大世界

> 通用磨坊是以麵粉、蛋糕粉等為主力的麵粉工廠，1928 年創立，目前在超過 100 個國家販賣零食、麥片和優格。旗下品牌包括哈根達斯和 Yoplait 優格等等。

093 / 巧克力豆餅乾
人們最愛的美國餅乾

年代 | 1930 年

　　很多點心都是將錯就錯的結果，不過巧克力豆餅乾（Chocolate Chip Cookie）受歡迎的程度卻是無人能出其右。這款餅乾出生於美國麻薩諸塞州的惠特曼（Whitman），有一間名叫「陶爾旅社（Toll House Inn）」的小旅社，創始人露絲・韋克菲爾德（Ruth Wakefield）常常為客人烤餅乾，某一天，她將雀巢公司的半糖巧克力弄碎攪進麵團裡，沒想到烤完之後巧克力卻沒有融化。對她而言是意料之外，房客們卻對此讚不絕口。雀巢公司相當敏銳地嗅到了流行的預兆，他們馬上與露絲簽約，在商品包裝背面登上食譜，推出後也非常暢銷！據說露絲後來獲得了一輩子吃不完的巧克力。

🍴 小點心大世界

　　幸運餅乾是一種美國的餅乾，研發者是住在舊金山的日本園藝師、企業家萩原真。幸運餅乾在紀錄上曾參展過 1915 年舊金山舉辦的巴拿馬萬國博覽會。

/ # 焦糖布丁盤
老字號飯店推出的知名甜點

年代 │ 1950 年左右

　　卓別林（Chaplin）和貝比‧魯斯（Babe Ruth）都下榻過橫濱新格蘭飯店，1945 年盟軍最高司令官總司令部（GHQ）接管飯店，在那七年期間轉作美國將校的下榻處，歷史相當悠久。焦糖布丁盤是為了安撫遷居陌生國度的將校夫人發明的甜點，主廚希望除了味道是美式，分量也要美式大小，因此一開始想做成布丁、冰淇淋和水果的綜合甜點，但苦於甜點盤裝不下，後來決定改用麵包丁玻璃盤盛裝，這種盤子平常是用來放前菜的醋醃鯡魚或麵包丁。焦糖布丁盤、拿坡里義大利麵和多利亞焗飯（doria）都是橫濱新格蘭飯店的精品美食，直到現在依然有福享用。

📍 小點心大世界

新格蘭飯店的第一代總主廚是薩利‧韋伊（Saly Weil），當時身體不適的房客提出要求說「希望有容易吞嚥的食物」，於是他即興做出一道海鮮多利亞焗飯。後來海鮮多利亞焗飯就變成飯店的招牌料理。

Crème caramel à la mode

「à la mode」是法文「流行」的意思，布丁可以自行搭配喜歡的水果和冰淇淋一起裝盤。

095

紅蘿蔔蛋糕
英國政府推薦的蔬菜蛋糕

年代｜20 世紀中葉

　　「請各位國民多吃紅蘿蔔！」這是英國政府在戰爭時期政令宣導。當時正值糧荒，因此政府希望以糖分充足的蔬菜取代砂糖的消耗。紅蘿蔔早在 18 世紀就是一種點心的食材，同一時期也發現了紅蘿蔔布丁（carrot pudding）的食譜。大家熟悉的食材，在第二次世界大戰時迎來了轉機。二戰的英國政府鼓勵吃紅蘿蔔，甚至還創造了「紅蘿蔔醫師」這個卡通形象的角色，於是紅蘿蔔脫胎換骨，成了國民蛋糕。紅蘿蔔蛋糕在美國的知名度也很高，相傳首任總統喬治·華盛頓 1783 年吃過。不過要等到 1960 年代的美國，蛋糕上才會淋奶油乳酪（cream cheese）糖霜，這種吃法更接近現在的紅蘿蔔蛋糕。

🍴 小點心大世界

> 迪奧斯科里德斯（Pedanius Dioscorides，40 ～ 90）是希臘的醫師、植物學家，他研究許多礦植物的特徵與藥效，一世紀寫出《藥物論》（De Materia Medica）。書中記載的「daukos」就是紅蘿蔔，一般認為這是最古老的相關紀錄。

Carrot cake

現代（20世紀～）

紅蘿蔔蛋糕以蘿蔔泥為主角，搭配香料、堅果、果乾等，
以植物油取代奶油，因此口感更加輕盈。

217

Tropézienne

直徑 30 公分的大型布里歐蛋糕，內餡是卡士達醬或慕斯
林奶醬（crème mousseline，卡士達醬＋奶油霜）。

096

/ # 聖托羅佩奶油派
重量級女演員命名的南法甜點

年代 | 1955 年

　　大演員當時肯定是帶著惡作劇的微笑問到:「要不要命名為聖托羅佩奶油派?」事情發生在畫家馬諦斯（Matisse）和波納爾（Bonnard）都造訪過的聖托羅佩（Saint-Tropez），南法高級的度假勝地。1955 年,造訪此地的碧姬芭杜（Brigitte Bardot）將自己喜歡的蛋糕命名為「La tarte tropézienne」。這個受到名演員加持的點心,是由波蘭裔糕點師亞歷山卓・米卡（Alexandre Micka）所製作。他製作了祖母傳承給他的麵包點心,提供給攝影團隊當作外膾伙食,沒想到碧姬芭杜這一句話,讓它轉眼間成為明星。如今「tarte tropézienne」已經註冊商標,只有米卡的店可以使用,其他店家都要叫「tropézienne」。

🍴 小點心大世界

碧姬芭杜（1934 ～ ）,暱稱 BB,知名的法國女演員、歌手。她造訪聖托羅佩拍攝前夫羅傑華汀（Roger Vadim）導演的電影《上帝創造女人》。

097 / # 歌劇院蛋糕
宛如蒙娜麗莎微笑般優美

年代 | 1955 年

　　歌劇院蛋糕氣質優雅，以巴黎歌劇院冠名是名符其實。每種點心都有自己的命，歌劇院蛋糕雖是法國代表性的點心，在找到名主之前也先流浪了一陣子。故事從1920 年開始，知名的甜點師路易・克希（Louis Clichy）研發出一款蛋糕叫「克希」（Clichy）。1955 年，馬塞爾・布加（Marcel Bugat）接收了這道美味甜點的食譜和甜點店，他邀請連襟共進晚餐，並提供這道他引以為傲的點心。幾天後，與克希類似的蛋糕，便在連襟的店面「達洛瓦優」（Dalloyau）以「歌劇院蛋糕」之名推出。此時歌劇院蛋糕的味覺和視覺想必都經過進一步的改良，它終於尋得主人達洛瓦優，順利重新出道。另一方面，克希蛋糕則依然是布加店裡的招牌商品。

> 小點心大世界
>
> 歌劇院蛋糕使用的是加了杏仁粉的喬孔達海綿蛋糕（joconde）體。「喬孔達」是佛羅倫斯的官員夫人麗莎・喬孔達（Lisa del Giocondo），她也是畫作蒙娜麗莎的模特兒。這個命名隱含著期許，希望它如蒙娜麗莎的微笑般優雅。

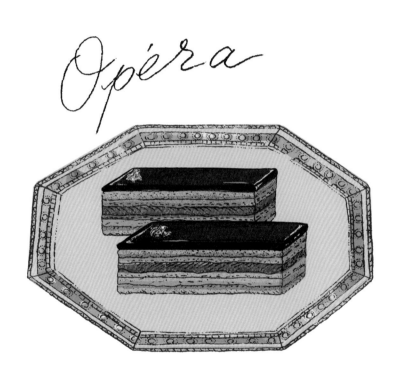

法國巴黎的代表性蛋糕。達洛瓦優的歌劇院蛋糕，使用喬孔達海綿蛋糕體和咖啡口味的奶油霜，共七層，高約兩公分。

098 / 提拉米蘇
振奮人心的義大利甜點

年代 | 1960 年代末

　　Tiramisù 是「把我拉起來」的意思，這個自帶文案性質的名稱，是成為世界級點心的必要條件。提拉米蘇的愛好者眾多，因此關於發源地和發明者的說法也族繁不及備載，不過地點大致可以確定是威尼托大區的特雷維索（Treviso）。1960 年代末，「Le Beccherie」餐廳的主廚羅伯托‧林古安托諾（Roberto Linguanotto）製作冰淇淋的時候，失手將馬斯卡彭起司（mascarpone）掉進雞蛋和砂糖的調理盆。老闆娘試了一些補救措施希望能亡羊補牢，最後做出了提拉米蘇，老闆阿多‧坎培歐（Ado Campeol）便將提拉米蘇當作正式餐點推出。也有一說認為，提拉米蘇的前身是公爵湯（zuppa del duca，P59）。

🍴 小點心大世界

> 「Le Beccherie」是第一間提供提拉米蘇的店，「提拉米蘇之父」阿多‧坎培歐（93 歲）於 2021 年 10 月 30 日辭世。威尼托大區首長在社群網站上表達哀悼之意，全球的新聞也播報了這則訃文。

Tiramisù

提拉米蘇的海綿蛋糕吸足馬斯卡彭起司奶餡和咖啡口味的
糖漿，早期是用手指餅乾（P44）製作。

Fraisier

法式草莓蛋糕是以淋上櫻桃白蘭地的海綿蛋糕，搭配草莓和慕斯林奶醬（P218）製作而成。「巴葛蒂爾」（Bagatelle）的杏仁膏是黃綠色，法式草莓蛋糕則是粉紅色。

099 法式草莓蛋糕
紅草莓象徵著巴黎的玫瑰

年代｜20 世紀

　　法國版的日式奶油蛋糕（P206）和法式草莓蛋糕非常相似，如此誘人的點心，有著撲朔迷離的身世。1960年代，賈斯通・雷諾特（Gaston Lenôtre）[1] 以巴葛蒂爾公園（Parc de Bagatelle）的玫瑰為靈感，研發出名為「巴葛蒂爾」的點心，這是法式草莓蛋糕的前身。巴葛蒂爾以黃綠色的杏仁膏代表公園，以草莓象徵玫瑰，後來漸漸變成以草莓為主角的「fraisier」（草莓樹）。春天是草莓的季節，法式草莓蛋糕承載著甜點師望春的心思，無論蛋糕體或奶油的滋味都相當濃郁。

（1）賈斯通・雷諾特（1920～2009）被譽為「法國甜點界之父」，精緻餐飲「雷諾特」（Lenôtre）的創辦人，也是皮耶・艾曼（Pierre Hermé）的師父。

現代（20世紀～）

　🍴 小點心大世界

將草莓傳入的是法國探險家、植物學家，阿梅・弗朗索瓦・弗雷澤（Amédée-François Frézier）。18 世紀，他從智利帶草莓來到布列塔尼種植，後來在法國普及開來。

100 / 帕菲
十全十美的冰甜品

年代 | 20 世紀

　　帕菲的語源是法文的「完美」（parfait），帕菲擁有美艷動人的視覺與多層次的口感，集各種美味元素於一身，的確是無可挑剔的完美甜點。法點「parfait」早期是混合蛋黃、鮮奶油和砂糖，倒進模具裡凍結而成的冰糕，盛裝的器具是平盤[1]。根據記載，1893 年，日本的晚宴菜色中有一道「parfait Fujiyama（富士山）」，也是以平盤盛裝，不同於我們熟悉的「帕菲」。所以現代版以長筒玻璃杯盛裝的奢華帕菲是從何而來？答案是 20 世紀以後，昭和時期在日本獨自研發而成。

（1）相當於日式帕菲的法點是「coupe」，將冰淇淋、水果和奶油裝進有腳的玻璃杯中。

🍴 小點心大世界

抹茶帕菲誕生於 1969 年京都的喫茶店「京 hayashiya」，老闆林家新一郎一直在進行抹茶商品的開發，他決定用抹茶製作時下流行的帕菲並商品化，最後成功洗刷抹茶苦澀的形象，大獲好評。

Parfait / Coupe

現代（20世紀～）

用長筒玻璃杯，盛裝冰淇淋、鮮奶油、水果、巧克力醬、
果醬和麥片等等。

227

「甜點沒有起司，如同美女少了一隻眼。」
布里亞‧薩瓦蘭*

＊譯注：19 世紀的法國美食家，這是他的名言之一，強調起司之於甜點的重要性。

發酵點心與葡萄酒

創意食譜與餐酒搭配

回溯甜點的原點,我們找到的是古代的水果與蜂蜜。發酵果實釀造的葡萄酒亦如是,始於遠古的西元前 6000 年,與點心共同開創了一段歷史。介於麵包和甜點之間的發酵點心搭配葡萄酒是天作之合,比方說盧梭選擇以布里歐麵包(P66)搭配葡萄酒。巴巴(P116)也是一個例子,為了將咕咕霍夫蛋糕(P100)軟化而淋上甜口葡萄酒,於是才有巴巴的誕生。接下來我將效法前人的智慧,並分享幾款點心的當代吃法。

食譜、葡萄酒設計 | petit à petit · 中西麻由美
麵包師、葡萄酒專家、起司專家

01 法式吐司佐兩款諾曼第風醬汁

跟隨瑪麗·安東妮的腳步

◆法式吐司

【材料（3cm 吐司丁 12 塊份）】

A
| 牛奶…140cc
| 液態鮮奶油（乳脂肪含量 47%）…35cc

B
| 細砂糖…1 大匙
| 蛋黃…2 顆
| 雞蛋…1 顆
| 鹽…1/2 小匙

布里歐麵包（切成 3cm 麵包丁，
用竹籤戳幾個洞）…適量

無鹽奶油…適量

【步驟】

1 將 A 加入鍋中，開小火加熱到 35 度左右。

2 混合 1 與 B 用攪拌器攪拌後倒進方盤，麵包丁浸泡約
15 分鐘。

3 平底鍋加熱無鹽奶油，加入 2 煎到表面上色。

4 烘焙紙鋪在烤盤上並排列 3，以 200℃烤箱烤 5 分鐘。

5 淋上卡門貝爾起司沾醬並鋪上焦糖蘋果。

◆卡門貝爾起司沾醬

【材料與步驟（法式吐司 6 塊份）】

1　將 30g 卡門貝爾起司和 2 小匙白葡萄酒加入鍋中，小火攪拌至起司完全融化。

2　關火，加入 1 小匙芥末籽醬拌勻。

◆焦糖蘋果

【材料與步驟（法式吐司 6 塊份）】

1　50g 的蘋果去皮切成 0.5cm 丁狀，10g 奶油切成 1cm 丁狀。

2　將 1 大匙細砂糖加入鍋中，中火煮至整體冒泡變咖啡色後關火。

3　將 1 加入 2 中攪拌，中火邊攪拌邊煮 2 分鐘，以免燒焦。

♇ *Pairing*

Anne Gros Cremant de Bourgogne Brut La Fun en Bulles

類型：氣泡酒　**品種**：夏多內（Chardonnay）、黑皮諾（Pinot Noir）、阿里哥蝶（Aligoté）　**產地**：法國勃根地　**酒莊**：安葛蘿（Anne Gros）

充滿生命力的氣泡令人心花怒放，優雅的口感既像花朵類精油又如天鵝絨，香氣也接近布里歐麵包。

⌇ Memo

法式吐司用的是發源於法國諾曼第的布里歐麵包，卡門貝爾起司和焦糖蘋果也都是諾曼第的特色名產。法國王后瑪麗・安東妮與布里歐麵包的故事相當有名。據說以前曾有人獻給她「拍譜香檳」（Piper-Heidsieck），配酒也可以嘗試看看這一款。

02 巴巴佐提拉米蘇風沙巴雍醬
復刻 19 世紀傳入拿坡里的巴巴

【材料（2 人份）】

A
| 蛋黃…1 顆
| 細砂糖…20g
| 蘭姆酒…1 大匙

馬斯卡彭起司…80g

液態鮮奶油（打發至微成形狀態）…40cc

巴巴…2 顆

水果（覆盆子、藍莓等）…適量

堅果（開心果、杏仁等）…適量

【步驟】

1 將 A 放入調理盆隔水加熱，以攪拌器打至黏稠。

2 1 放涼後加入馬斯卡彭起司，攪拌至滑順狀態。

3 將鮮奶油加入 2 攪拌。

4 將 3 淋上巴巴，佐以水果並撒上堅果碎。

巴巴佐提拉米蘇風沙巴雍醬

×Villa Matilde Eleusi Passito

類型：白葡萄酒

品種：100% 法蘭吉娜（Falanghina）

產地：義大利坎帕尼亞

酒莊：瑪蒂爾達莊園（Villa Matilde）

甜美的巴巴本來就適合搭配咖啡和紅茶，這次不妨換個氣氛，搭配葡萄酒試試看。Passito 是一種甜酒，透過將葡萄在通風良好的地方陰乾，提高糖度，並在半乾燥狀態釀造出來。這支酒的香氣如花香豐富，醉人的蜜糖滋味相當溫和，可以帶出馬斯卡彭起司高雅的甜。

瑪蒂爾達莊園的總公司所在地從前名為「法樂諾」（Falerno），在古羅馬時代也是知名的葡萄酒產地，據說歷代皇帝都在法樂諾品嚐過美味的葡萄酒。

⌒〇 Memo

巴巴 19 世紀從法國傳入義大利拿坡里，據說此時的巴巴是搭配鮮奶油和卡士達醬，以水果裝飾，淋醬則是沙巴雍醬，相當奢侈。提拉米蘇風沙巴雍醬以原產於義大利的馬斯卡彭起司製作，甜度也有比較節制。在巴巴淋上大量的沙巴雍醬，這種吃法宛如當年的義大利貴族。

效法「咕咕霍夫蛋糕節」
咕咕霍夫蛋糕 × 阿爾薩斯葡萄酒的黃金組合

咕咕霍夫蛋糕的發源地是阿爾薩斯的里博維萊，里博維萊每年六月都會舉辦「咕咕霍夫蛋糕節」，與大家分享剛出爐的咕咕霍夫蛋糕和阿爾薩斯葡萄酒。融入日常的咕咕霍夫蛋糕既是點心又是正餐，我們不妨也來效法這種在地的吃法，品嚐層次更豐富的滋味。

▼ *Pairing*

加入葡萄乾的香甜咕咕霍夫蛋糕
　　　　　　×Josmeyer Gewurztraminer Les Folastries

類型：白葡萄酒　　**品種**：格烏茲塔明那（Gewürztraminer）

產地：法國阿爾薩斯　　**酒莊**：喬斯梅耶（Josmeyer）

格烏茲塔明那是典型的甜味和芬芳的香氣，而且滋味溫和順口，並不會干擾咕咕霍夫蛋糕的甘甜，還可以品嚐到葡萄酒的香氣。

加入培根、起司和洋蔥的咕咕霍夫鹹蛋糕
　　　　　　×Marcel Deiss Alsace Complantation

類型：白葡萄酒　　**品種**：阿爾薩斯 13 品種的混種、混釀

產地：法國阿爾薩斯　　**酒莊**：馬賽戴斯（Marcel Deiss）

阿爾薩斯葡萄酒大多為單一品種釀造，但是這支酒混種、混釀 13 種葡萄。喝起來味道有其複雜度，可以感受到阿爾薩斯特有的氣候與土地。

繽紛的「聖誕節」餐桌
適合搭配潘妮朵尼麵包、史多倫麵包的酒單

在等待聖誕節的期間，可以一點一點慢慢吃的佳節點心，也是冬天的必備良伴。今年要選潘妮朵尼麵包或史多倫麵包？隨著時間慢慢深邃的味道，也會因搭配的葡萄酒而有細緻的改變。

▼ *Pairing*

潘妮朵尼麵包

　　×La Montina Franciacorta Rosé Demi Sec

類型：玫瑰氣泡酒　　**品種**：黑皮諾 60%、夏多內 40%

產地：義大利倫巴底　　**酒莊**：蒙提納（La Montina）

產地為倫巴底大區東部的凡嘉果塔（Franciacorta），是一支在瓶內二次發酵的氣泡酒。加入糖漬水果的潘妮朵尼麵包，搭配紅莓果香氣和滑順口感的葡萄酒，滋味會變得更香醇。玫瑰氣泡也很適合繽紛的聖誕節。

史多倫麵包

　　×Paradies Riesling Spätlese Feinherb

類型：白葡萄酒　　**品種**：麗絲玲 100%

產地：德國摩澤爾　　**酒莊**：馬丁穆倫（Martin Müllen）

葡萄來自摩澤爾流域西南向山坡的 Paradies（樂園）田，晚採收的熟葡萄（Spätlese），可釀造出這支半甜（Feinherb）葡萄酒。香甜的史多倫麵包富有果實的味道，可以搭配順口的白葡萄酒。

點心 MAP

各位可以跟著「點心MAP」，跨越時空尋訪各國的點心。本書收錄的點心小故事中出現了很多發明國、島嶼、相關地、命名街道等地名。這些土地都與點心的命運息息相關，不妨按圖索驥來一場尋訪之旅。

P82　　P110　　P118　　P126

P128　　P130　　P134　　P138

P158　　P172　　P220　　P224

地圖圖例

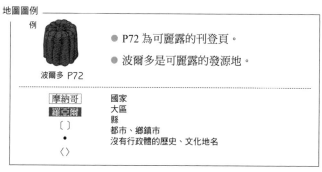

例

波爾多 P72

- P72 為可麗露的刊登頁。
- 波爾多是可麗露的發源地。

摩納哥	國家
羅亞爾	大區
	縣
〔　〕	都市、鄉鎮市
‧	沒有行政體的歷史、文化地名
〈　〉	

※ 由於空間有限，地圖上只收錄本書的 73 種點心。

France

蒙塔日 P88

利雪 P136

布雷斯特 P162

P66
諾曼第

巴黎

布列塔尼
P94

羅亞爾
P200

P116   P100
洛林   阿爾薩斯

南錫
P160

第戎 P26

里昂 P132

薩瓦 P42

波爾多 P72

阿爾比
P32

阿爾代什
P123

巴斯克
P96

蒙彼利埃 P48

艾克斯普羅旺斯
P52

摩納哥
P166

達克斯 P178

聖托羅佩
P218

德勒斯登
P40

德國

波蘭

波德哈萊
P20

紐倫堡
P36

奧地利

維也納 P86,P124

義大利

Europe

比利時
P28

北海

英國
P64,P76,
P180

荷蘭

大西洋

法國
P38,P78,P120

葡萄牙

加泰隆尼亞
P84

●里斯本
●P112

西班牙

黑森林
P210

地中海

239

Italy

米蘭 P311

倫巴底

加爾達湖

皮埃蒙特
P44

威尼托

托爾托納
P144

特雷維索
P222

佛羅倫斯
P58,P60

朗格
P202

普拉托
P99

托斯卡尼

帕維亞
P154

Rome

坎帕尼亞

拿坡里
P90

卡布里島
P204

地中海

西西里
P22,P24

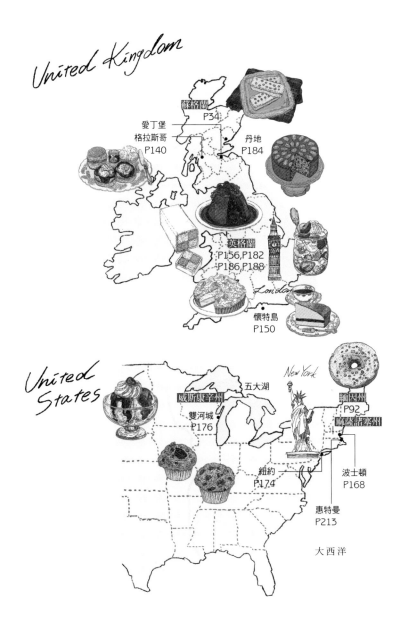

United Kingdom

蘇格蘭
P34

愛丁堡
格拉斯哥
P140

丹地
P184

英格蘭
P156,P182
P186,P188

London

懷特島
P150

United States

五大湖

New York

威斯康辛州

緬因州
P92

雙河城
P176

麻薩諸塞州

紐約
P174

波士頓
P168

惠特曼
P213

大西洋

結語

AFTERWORD

《食物的歷史》（A history of food）的開篇寫著「人類從黎明期便是在尋求食物的過程中認識世界，並以飢餓為前進的原動力」。研究點心也是一種接觸世界的方式，在認識地理、歷史、宗教、民族的同時，會發現「點心」的世界是如此深奧又耐人尋味。

有些味道是英雄所見略同，有些撫慰了嫁去異國的公主們，在理解主廚和甜點師成功與失敗的創作故事之後，甜美的點心增添了一股苦澀的餘味。

我有一次想吃提拉米蘇的前身英國湯，當時沒有料到端上桌的竟然是切成方形的蛋糕，因此有些失望，但是挖了一口送進口中之後，蛋糕輕輕融化，消失在喉嚨深處。它毫無疑問是由泡過甜酒的海綿蛋糕和卡士達醬組合而成，是融口不融手的義大利點心。在撰寫本書的過程中，一位工作伙伴說「很期待一起玩味覺連連看」，

我想伙伴指的就是這種感覺吧，希望她玩連連看的過程得到一些些的感動。

最後，我想談一下本書沒有收錄的點心。我大約十年前訪問過一位主廚，他招待我一款蛋糕，說是「我回想著孩提時期的味道烤出來的」。麵團中有一些蘋果顆粒，熟悉的甜味也令人很有安全感。儘管是款樸實無華不會放展示櫃的蛋糕，但是我吃的時候心想，創作者在尋根的同時創作出的夢幻作品，往往都與日常點心脫不了關係。再平凡的點心，也蘊藏著未來的美味靈感，不妨細嚼慢嚥用心品嚐，好好記住它們的味道，無論這些點心以後會不會站上世界的舞台。

長井史枝

245

索引 INDEX

參考書目 BIBLIOGRAPHY

『お菓子の歴史』マグロンヌ・トゥーサン=サマ 著／河出書房新社

『百菓辞典』山本候充 編／東京堂出版

『世界たべもの起源事典』岡田哲 著／東京堂出版

『洋菓子百科事典』吉田菊次郎 著／白水社

『お菓子の由来物語』猫井登 著／幻冬舎ルネッサンス

『フランス菓子図鑑　お菓子の名前と由来』大森由紀子 著／世界文化社

『お菓子の世界・世界のお菓子』吉田菊次郎 著／時事通信社

『名前が語るお菓子の歴史』ニナ・バルビエ、エマニュエル・ペレ 共著／白
　　水社

『世界食物百科』マグロンヌ・トゥーサン=サマ 著／玉村豊男 監訳／原書房

『おいしいスイーツの事典』中村勇 監修　成美堂出版編集部 編／成美堂出版

『フランス伝統菓子図鑑　お菓子の由来と作り方』山本ゆりこ 著／誠文堂新
　　光社

『イタリア菓子図鑑　お菓子の由来と作り方』佐藤礼子 著／誠文堂新光社

『ドイツ菓子図鑑　お菓子の由来と作り方』森本智子 著／誠文堂新光社

『増補改訂　イギリス菓子図鑑　お菓子の由来と作り方』羽根則子 著／誠文
　　堂新光社

『ポルトガル菓子図鑑　お菓子の由来と作り方』ドゥアルテ智子 著／誠文堂
　　新光社

『ドイツ菓子大全』柴田書店 編　安藤明 技術監修／柴田書店

『フランス伝統料理と地方菓子の事典』大森由紀子 著／誠文堂新光社

『歴史をつくった洋菓子たち』長尾健二 著／築地書館

『お菓子でたどるフランス史』池上俊一 著／岩波書店

『洋菓子はじめて物語』吉田菊次郎 著／平凡社

『スイーツ手帖』一般社団法人日本スイーツ協会 著／主婦と生活社

『新版　私のフランス地方菓子』大森由紀子 著／柴田書店

『イギリスお菓子百科』安田真理子 著／ソーテック社

『Dolce！イタリアの地方菓子』
　　ルカ・マンノーリ、サルヴァトーレ・カッペッロ 共監修／世界文化社

『イタリアの地方菓子とパン』須山雄三 著／世界文化社

『お茶の時間のイギリス菓子』砂古玉緒 著／世界文化社

『アメリカ郷土菓子』原亜樹子 著／PARCO出版

『王様のお菓子ガレット・デ・ロワ』全美乃 著／文芸社

『古きよきアメリカン・スイーツ』岡部史 著／平凡社

『ドーナツの歴史物語』ヘザー・デランシー・ハンウィック 著／原書房

『あの人が愛した、とっておきのスイーツレシピ』
　　NHK『グレーテルのかまど』制作チーム監修／大和書房
『イタリアの手づくりお菓子』みやしたむつよ、宮下孝晴 共著／梧桐書院
『イタリア菓子』藤田統三 著／柴田書店
『プリンセスになれる午後3時の紅茶レッスン』藤枝理子 著／KADOKAWA
『もしも、エリザベス女王のお茶会に招かれたら？』藤枝理子 著／清流出版
『東京パフェ学』斧屋 著／文化出版局
『あのメニューが生まれた店』菊地武顕 著／平凡社
『古代ギリシア・ローマの料理とレシピ』
　　アンドリュー・ドルビー、サリー・グレインジャー 共著／丸善出版
『アイスクリームの歴史物語』ローラ・ワイス 著／原書房
『チョコレートの歴史』ソフィー・D・コウ、マイケル・D・コウ 共著／河出書
　　房新社
『チョコレートの世界史』武田尚子 著／中央公論新社
『カカオとチョコレートのサイエンス・ロマン』佐藤清隆、古谷野哲夫 共著／
　　幸書房
『CHOCOLATE』ドム・ラムジー 著／東京書籍
『宮廷料理人アントナン・カレーム』イアン・ケリー 著／武田ランダムハウス
　　ジャパン
『マリー・アントワネットは何を食べていたのか』
　　ピエール＝イヴ・ボルペール 著／原書房
『ハプスブルク家のお菓子』関田淳子 著／新人物往来社
『ドイツ菓子入門』江崎修、長森昭雄 共編／鎌倉書房
『美味礼讃』ブリア＝サヴァラン 著／玉村豊男 編訳・解説／新潮社
『誰も知らない世界のことわざ』
　　エラ・フランシス・サンダース 著／前田まゆみ 訳／創元社

〈海外〉とっておきのヨーロッパだより（辻調理師専門学校）
　　https://www.tsuji.ac.jp/column/cat/index.html
Club de la Galette des Rois　https://www.galettedesrois.org
富澤商店　https://tomiz.com
日本洋菓子協會聯盟　https://gateaux.or.jp
其他

PROFILE

長井史枝 Fumie Nagai

文字工作者，2007 年創辦獨立雜誌《Bon Appétit》，開始進行
訪問寫作的活動。參與許多甜點、料理食譜書的製作，也經手
人物和店家訪問。具有蔬菜侍酒師的身分，著作包括《我開在
鄉下與郊外的店》（田舎・郊外でお店、はじめました。）、《菜
的辭典》（菜の辞典，雷鳥社）、相關書籍包括《開放式三明
治食譜書》（オープンサンドレシピブック）、《甜點便利百科》
（スイーツ便利百科，誠文堂新光社）、《Café Lisette 的點心》
（Café Lisette のお菓子，エンターブレイン）等等。

いのうえ彩 Aya Inoue

生於京都，在美術工藝高中學日本畫三年，赴美進修，畢業於
加州州立大學的藝術系。回國後以自由工作者的身分，參與插
圖與設計的工作。自從獲得了長年夢寐以求的「油印機」之
後，每天都會被它獨特的線條迷倒。主要以油印機繪出原畫，
並進行自己的設計製作。

www.ayaipaper.jp

陳幼雯

國立臺灣師範大學國文系、輔仁大學跨文化研究所翻譯學碩士
班中日組畢業，現為自由筆譯工作者，譯書譯影也譯畫，工作
之餘穿梭影展、進修同步聽打與口述影像撰稿，亦為競技歌牌
的新手。心靈原鄉是鴨川、難波、溫羅汀和花蓮，分靈體存放
在各大電影院和師大本部，譯有《一個人的京都晚餐》、《美
味助攻！最強雞胸肉瘦身減脂食譜 150 選》等書。歡迎來信合
作：honyakujinsei@gmail.com

VC0042
洋菓圖典：130道手繪甜點故事

原文書名	菓の辞典
作　　者	長井史枝（Fumie Nagai）
繪　　者	いのうえ彩（Aya Inoue）
日本版設計與插圖	增喜尊子（第18頁、第50頁、第106頁、第196頁、第228頁）
譯　　者	陳幼雯
特約編輯	張成慧
責任編輯	江家華

出　　版	積木文化
總 編 輯	江家華
版權行政	沈家心
行銷業務	陳紫晴、羅仔伶

發 行 人	何飛鵬
事業群總經理	謝至平
	城邦文化出版事業股份有限公司
	台北市南港區昆陽街16號4樓
	電話：886-2-2500-0888　傳真：886-2-2500-1951
發　　行	英屬蓋曼群島商家庭傳媒股份有限公司城邦分公司
	台北市南港區昆陽街16號8樓
	客服專線：02-25007718；02-25007719
	24小時傳真專線：02-25001990；02-25001991
	服務時間：週一至週五上午09:30-12:00；下午13:30-17:00
	劃撥帳號：19863813　戶名：書虫股份有限公司
	讀者服務信箱：service@readingclub.com.tw
	城邦網址：http://www.cite.com.tw
香港發行所	城邦（香港）出版集團有限公司
	香港九龍土瓜灣土瓜灣道86號順聯工業大廈6樓A室
	電話：852-25086231　傳真：852-25789337
	電子信箱：hkcite@biznetvigator.com
馬新發行所	城邦（馬新）出版集團Cite (M) Sdn Bhd
	41, Jalan Radin Anum, Bandar Baru Sri Petaling, 57000 Kuala Lumpur, Malaysia.
	電話：603-90563833　傳真：603-90576622
	電子信箱：services@cite.my

封面設計	Pure
內頁排版	陳佩君
製版印刷	上晴彩色印刷製版有限公司

KANO JITEN
Tex Copyright © 2022 FUMIE NAGAI
Illustrations Copyright © 2022 AYA INOUE
All rights reserved.
Originally published in Japan in 2022 by Raichosha
Traditional Chinese translation rights arranged with Raichosha through AMANN CO., LTD.

城邦讀書花園
www.cite.com.tw

【印刷版】
2024 年 10 月 3 日　初版一刷
售　價／NT$550
ISBN 978-986-459-615-7

【電子版】
2024年10月
ISBN 978-986-459-615-7（EPUB）

Printed in Taiwan.
版權所有・翻印必究

國家圖書館出版品預行編目（CIP）資料

洋菓圖典：130 道手繪甜點故事 / 長井史枝著；いのう
え彩繪 .-- 初版 .-- 臺北市：積木文化出版：英屬蓋曼群
島商家庭傳媒股份有限公司城邦分公司發行, 2024.10
　面；　公分
譯自：菓の辞典
ISBN 978-986-459-615-7（精裝）
1.CST: 飲食風俗 2.CST: 食物 3.CST: 文化史
538.71　　　　　　　　　　　　　　113011214